党建引领下的
先锋课程体系建设

成都师范附属小学华润分校　编

四川人民出版社

图书在版编目（CIP）数据

党建引领下的先锋课程体系建设 / 成都师范附属小
学华润分校编. -- 成都 : 四川人民出版社,（2023.5重印）

ISBN 978-7-220-12938-4-01

Ⅰ.①党… Ⅱ.①成… Ⅲ.①课程建设—研究—中国
Ⅳ.①G423

中国版本图书馆 CIP 数据核字 (2022) 第 223550 号

DANGJIAN YINLING XIA DE XIANFENG KECHENG TIXI JIANSHE

党建引领下的先锋课程体系建设

成都师范附属小学华润分校　编

出 版 人	黄立新
出版统筹	蔡林君
责任编辑	汤 梅
版式设计	四川悟阅文化传播有限公司
封面设计	四川悟阅文化传播有限公司
责任校对	蓝 海
出版发行	四川人民出版社（成都市三色路238号）
网 址	http://www.scpph.com
E-mail	scrmcbs@sina.com
新浪微博	@四川人民出版社
微信公众号	四川人民出版社
发行部业务电话	（028）86361653　86361656
防盗版举报电话	（028）86361661
照 排	四川悟阅文化传播有限公司
印 刷	成都市兴雅致印务有限责任公司
成品尺寸	170mm×240mm
印 张	11.5
字 数	195千
版 次	2023年5月第2版
印 次	2023年5月第2次印刷
书 号	ISBN 978-7-220-12938-4-01
定 价	75.00元

编委会

目　录

第一章　新时代学校党建引领学校育人工作的地位与路径

党的十八大报告强调："全面推进各领域基层党建工作，扩大党组织和党的工作覆盖面，充分发挥推动发展、服务群众、凝聚人心、促进和谐的作用，以党的基层组织建设带动其他各类基层组织建设。"党的十九大报告指出，"新时代党的建设总要求是：坚持和加强党的全面领导，坚持党要管党、全面从严治党，以加强党的长期执政能力建设、先进性和纯洁性建设为主线，以党的政治建设为统领，以坚定理想信念宗旨为根基，以调动全党积极性、主动性、创造性为着力点，全面推进党的政治建设、思想建设、组织建设、作风建设、纪律建设，把制度建设贯穿其中，深入推进反腐败斗争，不断提高党的建设质量，把党建设成为始终走在时代前列、人民衷心拥护、勇于自我革命、经得起各种风浪考验、朝气蓬勃的马克思主义执政党。"在教育领域，各级各类学校是履行教育教学职责的组织机构，学校的党建是新时代党和国家赋予教育使命的关键力量，更是凝聚人心、引领学校发展、落实立德树人根本任务的核心力量。

一、学校党建在学校发展建设中的重要地位

根据《中国共产党章程》（以下简称《党章》）总纲"中国共产党要

领导全国各族人民实现'两个一百年'奋斗目标、实现中华民族伟大复兴的中国梦，必须紧密围绕党的基本路线，坚持党要管党、全面从严治党，加强党的长期执政能力建设、先进性和纯洁性建设，以改革创新精神全面推进党的建设新的伟大工程，以党的政治建设为统领，全面推进党的政治建设、思想建设、组织建设、作风建设、纪律建设，把制度建设贯穿其中，深入推进反腐败斗争，全面提高党的建设科学化水平"，即党要带领全国各族人民实现奋斗目标、实现中华民族的伟大复兴，必须以党的建设为前提和保障，党的建设是党为保持无产阶级先锋队性质，加强和改善党的领导，提高党的凝聚力、吸引力和战斗力而进行的自身建设。

新时代教育肩负着服务中华民族伟大复兴的重要使命，必须坚持党的领导，其关键就是落实学校党建。习近平总书记在全国教育大会上曾强调："各级各类学校党组织要把抓好学校党建工作作为办学治校的基本功，把党的教育方针全面贯彻到学校工作各方面。"[1] 因此，学校在育人工作中，要把坚持党对教育的领导落到实处，具体而言就是要始终坚持党管办学方向、管改革发展、管干部、管人才，把党的教育方针全面贯彻落实到学校工作的各个方面，将政治立场、文化传承、价值观教育与学校教育教学实践融合融通，使教育成为党领导的坚强阵地。

《中国教育现代化 2035》明确了推进教育现代化的基本原则：坚持党的领导、坚持中国特色、坚持优先发展、坚持服务人民、坚持改革创新、坚持依法治教、坚持统筹推进。这为学校未来十几年的发展指明了方向。坚持党的领导需要通过学校党建这一重要途径来完成；从教育现代化的目标来看，要实现治理的现代化，党建引领基层治理也是新时代中国社会治理的主线，学校从管理向治理的变革需要以党建作为抓手。

2022 年 1 月，中共中央办公厅印发了《关于建立中小学校党组织领导的校长负责制的意见（试行）》（以下简称《意见》），这一政策的出台，进一步确认了基层党组织在学校发展中的重要引领作用。《意见》指出，建立中小学校党组织领导的校长负责制，是坚持为党育人、为国育

---

[1] 习近平在全国教育大会上强调　坚持中国特色社会主义教育发展道路　培养德智体美劳全面发展的社会主义建设者和接班人 [EB/OL].（2018–09–11）[2022–06–01].http：//edu.people.com.cn/n1/2018/0911/c1053–30286253.html

才，保证党的教育方针和党中央决策部署在中小学校得到贯彻落实的必然要求。健全发挥中小学校党组织领导作用的体制机制，确保党组织履行好把方向、管大局、作决策、抓班子、带队伍、保落实的领导职责。要把党建工作作为办学治校的重要内容，发挥基层党组织作用，加强党员队伍建设，使基层党组织成为学校教书育人的坚强战斗堡垒。要把思想政治工作紧紧抓在手上，深入开展社会主义核心价值观教育，抓好学生德育工作，把弘扬革命传统、传承红色基因深刻融入学校教育，厚植爱党、爱国、爱人民、爱社会主义的情感，努力培养德智体美劳全面发展的社会主义建设者和接班人[1]。这一中小学内部管理体制的改革，进一步明确了基层党组织建设引领学校教育工作的路径，使党建引领学校发展建设有了明确的依据和路径。通过发挥学校党组织的领导作用、支持和保证校长行使职权、建立健全议事决策制度、完善协调运行机制、加强组织领导等途径来建立起完善的管理体制。其中加强党员队伍建设，在党建引领下做好学校德育工作，要把社会主义核心价值观教育、弘扬革命传统、传承红色基因全面深刻地融入课程是其中重要的举措。

因此，成都师范附属小学华润分校在新时代规划和实践学校的新一轮发展过程中，加强对基层党组织的建设，加强对教师队伍的思想建设、作风建设，增强对学生思想政治教育的实效，初步探索出了一条以党建引领学校育人工作的路径，具体的抓手是以党建引领先锋活动课程体系的建设与实施，促进师生思想政治素养的全面提升，全员、全过程、全方位地落实立德树人的根本任务。

二、学校党建全面引领学校育人工作的路径

习近平总书记指出："加强党对教育工作的全面领导，是办好教育的根本保证。"[2] 如何在加强党对教育工作的全面领导中，实现党建对育人

[1] 中共中央办公厅：《关于建立中小学校党组织领导的校长负责制的意见（试行）》（2022年1月）

[2] 习近平在全国教育大会上强调　坚持中国特色社会主义教育发展道路　培养德智体美劳全面发展的社会主义建设者和接班人 [EB/OL].（2018-09-11）[2022-06-01].http：//edu.people.com.cn/n1/2018/0911/c1053-30286253.html

体系构建、教育教学实施的有效引领，是各级各类学校需要不断探索的课题。

《党章》中提出党的建设必须坚决实现以下五项基本要求："第一，坚持党的基本路线。""第二，坚持解放思想，实事求是，与时俱进，求真务实。""第三，坚持全心全意为人民服务。""第四，坚持民主集中制。""第五，坚持从严管党治党。"学校党建全面引领学校育人工作也应坚决实现五个要求，并将其转化为具体的实施路径。

基于五个基本要求，结合义务教育阶段学校的培养目标与办学特点，以学校党建全面引领学校育人工作的路径包括以下几个方面：

（一）以党建引领学校育人目标与办学理念

在学校的建设与发展中，各个学校都会根据国家的教育方针、学校的办学传统与特色来确定学校的育人目标，提炼学校的办学理念。然而，在以往的实践中，我们发现有的学校为了凸显学校的特色，常常忽视了学校的办学理念、目标等应充分体现党和国家对于人才培养的要求，将这种要求视为"后置"的背景，并未将其放在学校育人目标与办学理念呈现的"前台"。这种"后置"虽不是有意的忽视，以为大家都知道，不用明确提出，但事实上却造成了育人目标、办学理念没有充分体现党和国家对人才培养的要求。因此，加强以党建引领学校育人目标与办学理念，就是要充分体现坚持党的基本路线，在目标与理念中充分体现"培养什么人、如何培养人、为谁培养人"这一根本问题。

正如习近平同志在全国教育大会上所指出的："培养什么人，是教育的首要问题。我国是中国共产党领导的社会主义国家，这就决定了我们的教育必须把培养社会主义建设者和接班人作为根本任务，培养一代又一代拥护中国共产党领导和我国社会主义制度、立志为中国特色社会主义奋斗终身的有用人才。这是教育工作的根本任务，也是教育现代化的方向目标。"《关于建立中小学校党组织领导的校长负责制的意见（试行）》中也提出要"坚持把政治标准和政治要求贯穿办学治校、教书育人全过程各方面，坚持社会主义办学方向，落实立德树人根本任务，团结带领全校教职工推动学校改革发展，培养德智体美劳全面发展的社会主义建设者和接班人"[1]。党建引领学校育人目标的设置，就是要把政治标准和政治要求融入育人目标和办学理念中，真正体现社会主义的办学方向。

因此，学校的育人目标和办学理念，都应充分体现培养社会主义建设者和接班人的根本任务，以"显性"的方式呈现出来，并融入学校的全面工作，尤其是要融入学校的特色建设、文化建设。

（二）以党建引领学校育人体系构建

学校的育人体系是实现党和国家的教育方针的基本途径，育人体系具体回答了"培养什么人""怎样培养人"的问题。2012年，党的十八大提出"把立德树人作为教育的根本任务，培养德智体美全面发展的社会主义建设者和接班人"。强调立德树人在教育活动中的重要地位，进一步明确了教育培养什么样的人、为谁培养人的问题。2018年9月10日，习近平同志在全国教育大会上提出"培养德智体美劳全面发展的社会主义建设者和接班人"，把教育目标的"四育"增加为"五育"，劳动教育被列入教育目标，具有重大意义。由此，努力构建德智体美劳全面培养的教育体系成为当前教育改革的重要方向，亦是党建引领学校育人体系建设的具体目标。

这一体系包含了两层含义，一是强调以德育为先，二是注重五育并举[2]。其中以德育为先的具体落实，尤其需要学校党建予以引领。具体表现为，要加强理想信念教育，厚植家国情怀，引导学生树立共产主义远大理想和中国特色社会主义共同理想；不能窄化德育的概念，理想信念教育、思想政治素质的培养应是德育的首要内容。注重五育并举是实现学生德智体美劳全面发展的重要举措，构建全面培养的体系在教育目标、教育内容、教育方式、教育评价等方面均应体现五育并举的要求，学校党建的引领则体现为牢牢把握育人的方向、目标，在过程、方法上坚持党的基本路线，使教育体系的构建围绕党和国家对人才培养的要求来进行设计和实施。总之，以党建引领全面培养育人体系的构建，体现的是中国共产党对

---

[1] 中共中央办公厅：《关于建立中小学校党组织领导的校长负责制的意见（试行）》（2022年1月）

[2] 关于新时代育人体系内涵这两个方面的分析，在拙著《新时代育人体系的学校实践》第一章中亦有论述。

人的发展的深刻理解，把教育视为人的全面发展的重要途径，实现人的全面发展与社会发展的辩证统一。

具体而言，以党建引领育人体系的构建包括两个方面：一是以党建引领学校特色课程体系的构建，落实以德为先、五育并举的内容体系。包括进一步完善德育课程，加强学科课程的课程思政建设，强化少先队活动的课程化建设，并使三者围绕育人目标进行体系化的构建。二是以党建引领思想政治教育与教育教学的深度融合，这是体系转化为各项育人活动的具体要求。这种深度融合体现为全程、全员、全方位，它不应是"走过场"式的应付检查，也不应是"搞运动"式的集中突击检查，过后没有任何影响，而应是强调思想政治教育使每位教育者都感受到自己肩负的使命，并将其落实在教育教学的每个环节，以真正落实立德树人根本任务。

本书的研究，就是探索如何以党建引领先锋课程体系建设，这对于育人课程体系构建是一个有益的尝试。

（三）以党建引领教师队伍建设

人是组织中有生命力的灵魂，教师队伍的建设关系着育人目标的达成、育人体系的构建与实施，是以党建全面引领学校工作的关键所在。党中央、国务院高度重视师德师风建设。不断加强教师队伍价值观建设的顶层设计，其核心是加强教师队伍的师德师风建设。党的十八大以来，习近平总书记多次就加强教师队伍建设发表重要讲话，对广大教师提出"四有"好老师、"四个引路人"和"四个相统一"的要求和期望，强调评价教师队伍素质的第一标准是师德师风。党的十九大报告明确提出"加强师德师风建设，培养高素质教师队伍，倡导全社会尊师重教"。2018年1月，中共中央、国务院发布《关于全面深化新时代教师队伍建设改革的意见》，把"全面加强师德师风建设"作为首要任务，将"确保方向""突出师德"作为教师队伍建设的基本原则，把提高教师思想政治素质和职业道德水平摆在首要位置，把社会主义核心价值观贯穿教书育人全过程，突出全员全方位全过程师德养成，推动教师成为先进思想文化的传播者、党执政的坚定支持者、学生健康成长的指导者。2019年，教育部会同中央组织部、中央宣传部、国家发展改革委等七部门印发《关于加强和改进新时代师德师风建设的意见》，进一步明确师德师风建设的方向目标、工作重点、任务举措，建立健全师德师风建设的长效机制，构建多层面、多环节、多主体参与的师德师风建设格局，与教师职业行为十项准则共同构建起国家层面关于新时代师德师风建设的制度体系。在上述系列政策中，可以看出新时代党和国家对于教师队伍价值观建设的重视程度，具体到在学校教师队伍建设中，则要强化党建的引领，以学校党建来引领教师队伍的价值观建设。

在《关于加强和改进新时代师德师风建设的意见》中，尤其强调了"强化党建引领，全面提高教师的思想政治素质"。具体的实施途径与内容包括三个方面：一是加强学校基层党组织的制度建设，"健全教师理论学习制度，开展系统化、常态化学习"。二是体现实事求是、与时俱进、求真务实的要求，"注重理论与实践相结合，引导教师开展社会实践，深入了解世情、党情、国情、社情、民情，在了解社会、服务社会的过程中，增进对中国特色社会主义的政治认同、思想认同、理论认同、情感认同"。这在方式方法上，对党建引领教师队伍建设提出了具体的要求。三是体现党组织和党员的先锋模范作用，"加强教师党建，发挥教师党组织和党员教师示范引领作用"。即通过对党员教师的思想建设、作风建设，建好以教师为主体的基层党组织，并以这个基层党组织带动整个学校教师队伍建设，从而实现以党建引领形成良好的教风、校风和学风。

（四）以党建引领学校治理的现代化

与"管理"相比较，"治理"是一个内容更丰富、包容性更强的概念。它强调多元性、系统性、公共性、沟通性、协同性、灵活性，更加鲜明地指向公平、正义、和谐、有序[1]。学校要促进学生全面发展，就需要协调各学科的专业资源，就需要调动各方主体的教育资源，于是治理成为学校发展的必要路径[2]。"推进教育治理体系和治理能力现代化"是未来十五年我国教育发展的战略任务之一。针对学校治理能力的现代化，《中国教育现代化2035》指出"提高学校自主管理能力，完善学校治理结构"。自主

---

[1] 扈中平.从"管理"到"治理"遭遇的若干失误——重大教育决策须更多倾听教育研究者的声音[J].中国教育学刊，2015（09）：1—6.

[2] 周彬.学校治理现代化：变革历程与建设路径[J].教育发展研究，2020，40（06）：51—58.

管理能力的提升需要以党建引领组织发展方向。并通过党建提升组织管理的能力，把增强和发挥好学校基层党组织的政治功能，作为学校治理能力建设的重要组成部分。

因此，以党建引领作为治理能力发展的主线，应做到为学校教育治理现代化提供方向，尤其是应强化党建在学校治理中的引领地位。

首先，学校教育治理目标的确立需要以党建作为支撑。治理目标是学校教育治理现代化的根本，它决定着学校治理体系建设的根本方向。治理目标的确立必须具有先导性和科学性，即治理的目标应符合党和国家对教育发展赋予的使命、提出的要求。

其次，学校治理主体的多元化需要加强党建统筹作用。当前学校治理活动呈现出主体多元化的特点，教育管理部门和学校领导是学校治理的主体，教师、家长、社会企业行业、社区等也是学校治理活动中不可或缺的力量。要将这些多元化的治理主体统一起来，朝向共同的学校治理目标，就必须强化党建引领，发挥党组织的作用，切实统筹这些多元主体的治理行动，共同促进学校发展和学生的成长[1]。

再次，学校治理的方法与手段需要结合党建工作予以优化。传统的学校管理方法和手段比较单一，不利于激发学校办学活力。学校治理应发挥党组织群众、服务群众的特点，使学校的领导方式、工作方式、活动方式更加满足群众的需求，通过服务更好地贴近群众、团结群众、引导群众、赢得群众，从而更好地发挥基层党组织的政治功能。学校中的群众具有广泛的含义，既包括教师、学生，也包括家长群体，而学校的基层党组织正是要通过其政治功能的发挥和群众工作的落实，来实现对参与治理的多元主体力量的整合与协调。

最后，要加强党建对学校领导干部素质与能力的引领。《党章》总纲指出，党的建设必须实现的五项基本要求之一就是要"加强各级领导班子建设，培养选拔党和人民需要的好干部，培养和造就千百万社会主义事业接班人，从组织上保证党的基本理论、基本路线、基本方略的贯彻落实"。《关于建立中小学校党组织领导的校长负责制的意见（试行）》，对党建引

---

[1] 沈胜林.党建引领学校教育治理现代化的理论思考与实践策略[J].黄冈师范学院学报，2021，41（02）：16—21.

领学校领导班子的建设也提出了具体的要求，要"选好配强学校领导班子特别是党组织书记和校长……加强学校领导班子思想政治建设，完善培养选拔、教育培训、考核评价、激励保障机制，加强任期考核，推动学校领导人员履职尽责、潜心育人、清正廉洁"[1]。因此，以党建引领学校领导班子的建设，尤其是做好领导班子的政治教育、思想建设、作风建设、纪律建设等方面的工作，提高学校领导干部的领导力，尤其是强化领导力中的理想信念和政治立场，在学校治理中通过建立健全议事决策制度，吸纳多元主体的参与，将党建引领学校教育工作的制度建设贯穿于学校治理的过程，强化以党建引领和规范学校制度建设，这也是学校治理现代化的一个重要体现。

---

[1] 中共中央办公厅:《关于建立中小学校党组织领导的校长负责制的意见（试行）》（2022 年 1 月）

第二章　党建引领先锋活动课程建设的实践基础与先行研究

　　学校党建全面引领学校育人工作，本书的研究主要聚焦于党建引领学校育人体系构建中的课程体系构建，尤其是基于学校特色课程体系建设的活动课程如何体现党建引领的特征，将党的政治教育、思想教育等很好地落实于学生的各项活动课程中。以"先锋"命名学校的活动课程，既体现了党建引领的特色，又体现了将少先队活动进行课程化建设的思路。结合学校课程体系建设来进行的学校先锋课程整体规划与实施，有利于党建引领的课程体系"入心·践行"。

一、党建引领先锋课程建设的实践基础

　　成都师范附属小学（以下简称"成师附小"）华润分校成立于2008年，是一所依托名校、名企建立的高定位、高起点、高品位的新兴学校。学校占地 23 亩，目前有 97 名教师、32 个班级、1300 余名学生。十余年来，学校在"赤诚教育、追求卓越"的精神引领下，秉持"华枝春满、润物无声"的办学理念，以在课程教学研究基础上形成的学识积淀和课程逻辑，致力于课堂教学的深度变革，促进学生全面发展，促使办学品质整体提升。

2018年全国教育大会上，习近平总书记强调，加强党对教育工作的全面领导，是办好教育的根本保证。各级各类学校党组织要把抓好学校党建工作作为办学治校的基本功，把党的教育方针全面贯彻到学校工作各方面。基于这一要求，学校加强了基层党建工作，通过党建全面引领学校育人体系的构建。为此，学校认真梳理新时代教育发展的使命与特征，结合学校的特色与定位，进一步思考党建引领下的新时代学校育人体系的建设与完善，通过"一脉双引三联四新五带头"的具体实践，全面贯彻党的教育方针，落实立德树人的根本任务。深化教育改革，推进教育创新。

具体而言，"一脉"是指时间为轴，血脉为根，坚定文化自信，开启寻梦之旅。"一脉"发展路径包括坚持德育为先，优化育人载体；促进全面发展，形成育人合力；深化教育改革，推进教育创新。具体落实为"一脉"课程的建设。"双引"是指文化引领和课程引擎。"三联"是指联家庭，延伸教育时空；联社区，拓展教育平台；联企业，丰富教育资源，构建家校社协同育人的体系，形成教育的合力。"四新"是指新思想凝心、新作风交心、新行动壮心、新技术动心。"五带头"是对标"四有好教师"，坚持"四个相统一"，党员教师带头，群众教师紧跟，建设新时代教师队伍，带头弘扬正气；带头修养师德；带头学习提高；带头服务学生；带头争创佳绩。近年来，学校持续探索以党建引领学校发展的路径，通过"一脉双引三联四新五带头"的实践探索，全面提升了办学质量和育人质量。学校的研究成果《基于学科核心问题的深度参与教学策略》获2018年国家级基础教育教学成果二等奖、四川省人民政府第六届普通教育优秀教学成果一等奖。学校先后被授予"教育部教师发展司当代教师风采奖""全国首批校园篮球试点学校""全国校园足球基地校""四川省阳光体育示范学校""成都市新优质学校"等称号。

正是在这样的基础之上，学校进一步精细化地探索"双引"中课程引擎的建设，尤其是聚焦如何落实以德为先、五育并举的改革要求，落实立德树人的根本任务，着力研究探索促进学生德育发展的课程建设，依托成都市教育科研党建专项课题"党建引领下的先锋课程入心·践行"的开展，形成了党建引领先锋课程建设的理论成果与实践成果。

二、党建引领先锋课程建设的先行研究

党建引领先锋课程的建设，既包括对少先队活动课程的建设，也包含对学校特色课程体系建设的新探索。因此，本书从这两个方面梳理了已有的研究成果，为成师附小华润分校探索党建引领先锋课程建设的实践提供研究基础。

（一）关于少先队活动课程的研究

少先队的全称是"中国少年先锋队"，其创立者和领导者是中国共产党。少先队是中国少年儿童的群众组织，是少年儿童学习中国特色社会主义和共产主义的学校，是建设社会主义和共产主义的预备队。本书中先锋课程也是由此而得名。因此，关于先锋活动课程的先行研究，非常重要的组成部分就是对于少先队活动课程的研究。

国内关于少先队的研究主要聚焦于少先队阵地建设、组织建设、活动课程建设、辅导员队伍建设等方面。课程建设是本研究关注的核心问题。2012 年 9 月，《教育部关于加强中小学少先队活动的通知》中提出要充分认识加强少先队活动的重要意义，提出确保少先队活动的时间，要把少先队活动作为国家规定的必修的活动课，小学 1 年级至初中 2 年级每周安排 1 课时，且要科学设计少先队活动的内容和形式。2015 年 9 月全国少工委颁布《少先队活动课程指导纲要（试行）》，明确了少先队活动课程的性质、目标、内容、实施途径与方式、评价激励等。之后，在理论研究和实践中，少先队活动课程受到更多的关注与重视，如何开展少先队活动课程成为近五年少先队研究关注的热点问题。

1. 关于少先队活动课程内涵的研究

《少先队活动课程指导纲要（试行）》（以下简称《纲要》）指出，少先队活动课程是少先队把握组织属性，通过特有的组织形式、集体生活和活动方式对少年儿童进行思想引导的活动课程，具有政治性、儿童性的双重性质。基于对《纲要》的解读，易文意认为少先队活动课是以活动为主要形式，在发挥少先队员主体作用的前提下，组织和引导少年儿童在亲身

实践中把做人做事的道理变成自我行为习惯的课程[1]；王冬梅对少先队活动课程及少先队活动课的内涵进行了区分，认为少先队活动课程是以少先队组织为实施载体，以少先队组织教育为手段，以促进少先队员的思想意识培养和基本素质养成为目标的活动型综合课程。少先队活动课程是少先队活动课以及一切少先队教育活动的系统化、科学化的有机整合，而不是一节节少先队活动课的简单叠加[2]。有研究认为少先队活动课程不同于之前开展的少先队活动，它具备和学校其他课程一样完整的课程体系，每个学校应该结合自身发展的特点开展少先队活动课程。它是学校课程的重要组成部分，是一种与学科课程特点迥异的特殊课程形态[3]。从课程的内涵及课程结构来看，2012 年之后的研究，都普遍认可将少先队活动课程作为"课"来看待，将少先队活动课程作为学校活动课程的一个类型，体现其课程内容的政治性、组织方式的多样性、内容的综合性等。尤其是对于少先队活动课和少先队活动课程进行区分，肯定了其应具有课程的全部要素，而不仅仅是一个个活动，同时也肯定了其在学校课程体系中的重要地位，是学校课程体系建设的重要内容。

2. 关于少先队活动课程设计与开发的研究

其中包括关于课程目标、内容、课程类型、实施途径等方面的研究。《纲要》指出，少先队活动课程的目标与内容应紧紧围绕组织意识、道德养成、政治启蒙、成长取向等四个方面来展开。关于课程目标的解读，已有研究基本都围绕这四个方面阐释少先队活动课程应实现的育人目标，并将其与人的全面发展，尤其是与落实以德为先、落实立德树人的目标紧密联系在一起。对于目标进一步的研究则体现在对课程价值取向的研究，例如有研究指出少先队活动课程具有政治价值取向、道德价值取向和人本价值取向。少先队活动课程的政治价值取向主要体现在形成少先队员的政治认知，规范少先队员的政治态度，坚定少先队员的政治信念，培育少先

---

[1] 易文意.少先队活动课与综合实践活动课的整合[J].教学与管理，2020（05）：23—25.

[2] 王冬梅.少先队活动课程视角下辅导员专业化的研究[D].上海：华东师范大学，2017.

[3] 司成勇，司昇.基于体验式学习的少先队活动课程实施策略[J].少年儿童研究，2019（11）：11—17.

员的政治行为上；少先队活动课程的道德价值取向主要体现在培养少先队员的社会公德和个人品德上；少先队活动课程的人本价值取向主要体现在发挥少先队员自主性，课程具有开放性以及密切联系少先队员生活上[1]。

对于课程内容的研究，除了围绕《纲要》的要求进行设计，也有研究指出了应将生命教育纳入少先队活动课程[2]；将中华优秀传统文化融入少先队活动课程，发挥少先队组织标识、仪式、文化在中华优秀传统文化教育中的独特作用[3]。还有研究认为活动课程的内容应当包括少先队的礼仪教育，范围主要涉及学校里的学习习惯、生活习惯和家庭生活中的礼貌礼仪等[4]。但有研究指出，不能泛化少先队活动课程的内容，李玲玉等人的研究指出，在实践中，对少先队活动性质的理解方面仍存在一些问题，常常将其和德育活动、课外活动或者班级学生工作等各种活动相互混淆，导致少先队活动课的独特性并不明显[5]。

关于课程类型的研究，杨江丁等从德智体美劳五育的角度对少先队活动进行了划分[6]；马荣把少先队活动课程分为常态型、实践型、主题型、社团展示型、评价型少先队活动课等[7]；呼雪依据《纲要》提出的课程实施方式把少先队活动课程分为队会、队课、队仪式、队组织生活、队实践活动和队品牌活动等几种类型[8]，也有研究从活动课程的内容主题等方面

[1] 孙志慧.少先队活动课程价值取向研究 [D].西安：陕西师范大学，2018.

[2] 王竹梅.生命化教育视野下少先队活动课研究 [D].福州：福建师范大学，2016.

[3] 章秀英，苏楠歆.优秀传统文化融入少先队活动课程实践误区及改进策略 [J].少年儿童研究，2019（11）：18—24，45；史晓琼.中华优秀传统文化融入少先队活动课程的对策研究 [D].杭州：浙江师范大学，2019；陈田田.基于临汾地域文化的少先队活动课程建设研究 [D].太原：山西师范大学，2018；裴淑妍.少先队活动课程传承优秀传统民俗文化的现状及优化路径 [D].杭州：浙江师范大学，2017.

[4] 胡玲玲.探究《少先队礼仪教育》校本课程的开发及实施 [J].教育科学论坛，2018（2）：50—52.

[5] 李玲玉，卜玉华.少先队活动课的性质初探 [J].上海少先队研究，2015（6）：11—16.

[6] 杨江丁，陆非文.少先队活动教育学（修订版）[M].上海：上海人民出版社，2018.

[7] 马荣.漫谈少先队活动课 [J].考试周刊，2016（7）：161.

[8] 呼雪.少先队活动课程实施的问题与对策研究 [D].长春：长春师范大学，2019.

进行分类。

关于课程实施途径的研究，《纲要》提出开展少先队活动课程的途径有组织教育、自主教育和实践活动。还有研究强调体验式学习的方式在少先队活动课程中的具体运用，提出课程的实施应重视少先队员亲身参与、经历、体验、感悟[1]，从教学方式来看，有研究提出少先队活动课程可采用角色扮演游戏、情景模拟等方式来进行[2]；基于信息技术的运用，有研究提出通过线上线下结合的方式来开展少先队活动课程，拓展课程实施的时空范围[3]。也有少量研究关注少先队活动课程与学科课程的融合，提出要把握二者整合的政策依据和教育理论依据，厘清二者在课程目标、课程内容、课程实施途径、课程实施形式、课程评价五方面的整合维度，寻求整合的学校内部保障与外部环境支持对策，借助学科课程的途径，在实践中把少先队活动课程真正落到实处[4]。综合实践活动课程是少先队活动课程的重要载体，有研究指出将少先队活动课程有机融入综合实践这一新课程活动中，将会赋予少先队活动课新的生命和活力。学校根据自身的特点以及教育目标，有目的、有计划、系统地将综合实践活动课与少先队活动课相融合，拓宽少先队活动课的渠道，使学生在体验教育中得到更好的成长，在整合中实现教育效果最大化[5]。

3. 对当前少先队活动课程实施现状的研究及提出的优化策略

已有研究通过对一所或某地几所学校的调查，分析少先队活动课程实施的现状，并提出改进的策略。研究主要采用了访谈、问卷、文本分析及

---

[1] 司成勇，司昇.基于体验式学习的少先队活动课程实施策略[J].少年儿童研究，2019（11）：11—17.

[2] 李菲.小学少先队活动课实施现状的调查研究以C市三所小学为例[D].长春：长春师范大学，2018.

[3] 林玲，刘派安.信息技术与网络在少先队活动中的应用[J].教育信息技术，2006（01）：43—45；李守鉴.浅谈信息技术在少先队教育工作中的应用[J].中小学电教（下），2013（02）：144；姚佳妤.谈信息技术在少先队活动课程中的应用[J].才智，2018（28）：124，126.

[4] 薛国凤，江河.少先队活动课与学科课程整合：依据、维度与对策[J].少年儿童研究，2019（11）：5—10，17.

[5] 易文意.少先队活动课与综合实践活动课的整合[J].教学与管理，2020（05）：23—25.

观察等方法，这类研究对一个或多个样本进行了较为全面和深入的分析，虽然研究的总量不多且以硕士学位论文为主，但是也从一定层面上反映出我国少先队活动课程实施的现状。

呼雪通过对三所学校的调查，发现当前少先队活动课程实施存在的主要问题包括少先队活动课程主题的时代性不突出，少先队活动课程内容的独特性被忽视，少先队活动课程开展形式较为单一，少先队活动课程资源利用不足。由此，她提出优化策略：第一，落实符合少先队培养目标的课程主题；第二，设计具有少先队学科特色的课程内容；第三，通过少先队品牌活动丰富课程开展形式；第四，依据时代发展特征有效开发课程资源[1]。刘祺等从课程资源开发的角度进行研究，指出目前我国小学少先队活动凸显出活动开展惯例化且意义缺失、形式工作压制下活动实施被动化及活动资源匮乏等问题。当重新回归少先队活动以队员成长发展需要为主旨时，考虑基于地方文化开发少先队活动的课程资源，挖掘地方文化中的人文历史资源、自然环境资源及非物质文化遗产资源对开发特色少先队活动的价值，以期达到均衡发展少先队员知情意行的完整品行、稳步提升辅导员开展少先队活动的综合技能及丰富少先队活动开展途径的目的[2]。任丽丽通过对牡丹江7所小学的调查研究，发现少先队活动课程建设存在基础薄弱、动力匮乏、建设标准不一、保障缺失等问题，进而提出了准确把握课程理念、加强外部支撑、强化辅导员队伍建设、创新研发活动课程资源、尊重儿童的主观能动性等方面的建议[3]。除此之外，还有邢策对西藏小学的研究[4]、曹沛对内蒙古自治区小学的研究[5]、孙美艳对大连市某区小学的调查研究[6]、于泠泠对西安市小学的调查研究[7]、张曼对开封市4所学

[1] 呼雪. 少先队活动课程实施的问题与对策研究 [D]. 长春：长春师范大学，2019.
[2] 刘祺，张爱琴. 少先队活动资源的开发与利用 [J]. 教学与管理，2017（20）：12—14.
[3] 任丽丽. 少先队活动课程建设策略研究 [D]. 哈尔滨：哈尔滨师范大学，2016.
[4] 邢策. 西藏小学少先队活动课程的现状调查研究 [D]. 拉萨：西藏大学，2018.
[5] 曹沛. 内蒙古自治区小学少先队活动课程实施的现状及对策研究 [D]. 呼和浩特：内蒙古师范大学，2018.
[6] 孙美艳. 小学少先队活动课程实施现状研究 [D]. 大连：辽宁师范大学，2017.
[7] 于泠泠. 少先队活动课程实施现状反思及其优化策略 [D]. 西安：陕西师范大学，2018.

校的研究 [1] 等,都基于实证调查的基础反映了 2015 年《纲要》颁布以来少先队活动课程实施的现状。

综上,已有研究对少先队活动课程的内涵、性质、课程目标形成了基本共识,对于课程实施的现状有一定范围内的调查研究,反映了课程实施中在主题内容的选择、组织保障、评价体系等方面存在的问题,由此可见理论研究和实践中的难点就在于如何确保少先队活动课程的有效落实,实现课程的育人目标。因此,本研究提出以党建引领少先队活动课程的建设,正是从根本上明确课程的价值取向,从而为解决实施中的问题提供有力的核心力量支撑。虽然关于党建引领学校建设的研究在实践中有较多的典型案例,但是理论研究仍是较为匮乏的。聚焦课程建设的引领,还需对课程思政的路径及方法进行深入分析,则体现在对于少先队活动课程的建设上。本研究中定义的"先锋课程"既包括少先队活动课程,也包括在其他学科课程、综合实践活动课程中挖掘课程思政的内涵,对少先队员实施的具有政治性和儿童趣味的教育内容,即本研究将重点在课程思政的途径上进行探索,形成和完善党建引领下的学校先锋课程体系,将先锋课程内含的精神力量转化为学生的情感认同和行为习惯。

(二)关于党建引领学校课程建设的研究

学校党建的内涵体现在育人方面,就是要把党的教育方针全面贯彻落实到学校教育教学工作的各个方面,将政治立场、文化传承、价值观教育与学校教育教学实践融合融通。已有研究对党建引领基层治理作了较为深入的研究,具体到学校建设中,则有不少区域性的或学校的实践案例,但理论方面的研究还较少。例如,王玲的研究呈现了首都师范大学丽泽中学以党建引领学校综合改革、教师队伍建设的具体方法和成效 [2]。潘国芳的研究展现了广东新丰县第三中学如何通过党建凝聚力量,带领和团结全体党员、教职员工重新焕发生机与活力;如何塑造一支思想过硬、素质过硬的领导班子和培养一支讲求奉献、敢于吃苦、善于钻研、精通业务、团结

---

[1] 张曼. 少先队活动课程实施现状、问题与对策研究 [D]. 开封:河南大学,2017.

[2] 王玲. 展现党建魅力 引领学校发展 [J]. 北京教育(普教版),2018(06):55—56.

协作的党员教师队伍[1]。如何在加强党对教育工作的全面领导中，实现党建对教育教学的有效引领，是基础教育系统的一个现实问题。北京市朝阳区则以党建引领区域教育的高质量发展，通过优化工作格局、增强服务能力、强化党建研究和完善考评机制，初步探索出了一条党建引领教育的新路径[2]。北京市海淀区教育工委强调用大视野去认清和把握中小学党建在新形势下所处的时代背景和世情、国情、党情的新变化以及教情、学情、师情的新特点，加强统筹扩大党建引领的覆盖面；着力加强党建科学化建设，完善教育党建"思想引领阵地化""运行机制规范化""干部党员培训专业化""管理考评信息化""党建研究实践化"的五化体系；抓住示范点创建的契机，梳理海淀中小学党建品牌，带领和辐射区域教育质量的整体提升[3]。安徽省合肥市包河区全面实施以打造"红色阵地"、培育"红色标兵"、开展"红色教育"为主要内容的"红色校园"工程，推进党建与教育教学深度融合，激活校园党建"细胞"，以"党建强"引领"教育强"[4]。

从上述区域推进或学校实践的研究可见，党建引领学校发展、提升教育质量的关键在于抓好以教师党员为主体的基层党组织建设，以组织建设促教师队伍建设，通过物质载体、制度载体、文化载体的构建来促进学校全面落实党的教育方针。而进一步以党建引领教育教学改革的深化，则体现在以党建引领学校课程建设。

1. 以党建引领学校特色课程体系建设的研究

党全面领导教育工作，课程可谓是其中最为核心的内容。课程是经过选择的知识，为什么目标而选择、谁来选择、如何构建课程与课程之间的关系等，都是要研究的问题。因此，根据新时代的教育使命，学校的课程体系建设必须在党的领导下来进行建构，而目前这方面的研究还较为薄弱。但关于学校特色课程体系的建设，从新课改建立国家、地方、学校三级课程管理体系以来，就有较多关注这个方面的研究。

[1] 潘国芳 . 创新学校党建工作引领学校持续发展 [C]. 国家教师科研专项基金科研成果（华夏教师篇卷 2）. 国家教师科研基金管理办公室，2013：14.
[2] 周炜 . 以党建引领高质量教育 [N]. 人民日报，2019–09–12（005）.
[3] 张卫光 . 构建教育党建新格局　发挥示范点引领作用 [J]. 北京教育（普教版），2012（06）：21–22.
[4] 安传思 . 安徽合肥以"党建强"引领"教育强" [J]. 支部建设，2019（31）：32.

其一，关于学校特色课程体系建设的必要性。郭华认为"当学校开始主动开发课程时，便要审视自己学校的目标，对学生的未来形象以及成长过程展开想象，便要把课程与学生成长关联起来。而且，也正是在开发校本课程的实践过程中，学校作为教育组织的自觉意识、开发课程的能力才能真正形成并得以提升。因此，如果抛开理论上的严谨而仅就实践意义而言，无论是校本的课程开发，还是校本课程的开发，对于中国的学校而言，都是具有进步意义的实践"[1]。这是他对于学校进行校本课程开发的肯定，进而他提出随着课改的推进，不能止步于校本课程的开发，而是要将着眼点放在学校课程体系的建设上，这是学校作为课程管理主体的应有责任。"学校的理念和追求，必须要通过课程体系来传达、体现。办学理念、发展水平甚至所处地域，都会影响课程体系的构建。就学校特色而言，特色校本课程当然也可以部分体现，但只有学校课程体系才能真正体现'这个'学校与'那个'学校的不同。可以说，学校不一定要亲自开发校本课程，但一定要有自己的学校课程体系"[2]。贾建国等从学校发展的自觉意识和创新能力的角度，提出"面向未来，中小学须要进一步增强课程变革的自觉性，寻求课程建设的自觉表达方式，提升在课程实践中的自觉意识与创新能力，构建起素养本位的、彰显文化自信和校本特质的课程新体系"[3]。上述视角都着眼于学校的变革来强调学校课程建设的价值。

其二，关于学校特色课程体系建设的理论基础或逻辑起点的研究。

（1）以学生作为学校特色课程体系构建的逻辑起点。如周林研究北京东直门中学，以学生为基构建学校课程体系[4]。学生即是该校构建课程体系的逻辑起点。文章主要是介绍该校的课程体系"重基础""重开发潜质""重综合能力"三个方面，分别涉及构建具有学校特色的国家课程体系，构建具有补充作用的校本课程体系，构建学用结合的综合实践课程。但是文章并未提出学生作为逻辑起点的具体形态，比如学生的全面素质到底包括哪些方面，如何处理不同方面的关系等。王鑫对成都棕北中学"三·三·六"

[1] 郭华.学校应成为课程管理的主体[J].中国民族教育，2016（Z1）：11—14.
[2] 郭华.学校应成为课程管理的主体[J].中国民族教育，2016（Z1）：11—14.
[3] 贾建国，张蓁.学校课程建设自觉表达的内涵、困境与路径[J].教学与管理，2019（28）：31—34.
[4] 周林.以学生为基构建学校课程体系[J].中国教育学刊，2020（05）：105.

课程体系的研究则将学生这一逻辑起点细化为学生发展核心素养。棕北中学依据中学生发展的核心素养，在原有的国家课程、地方课程和校本课程三级课程基础上，经统筹、整合、拓展和创新，形成了集基础课程、拓展课程和特色课程三大类的学校课程体系，促进了学生全面且有特长的发展，实现了学校内涵发展的系统性突破。努力把学生培养成为具备人文底蕴、科学精神、学会学习、健康生活、责任担当和实践创新的全面发展而富有个性的人，实现育人模式由知识传授向培养学生核心素养转变[1]。

（2）以学校的特色发展作为学校课程体系建设的逻辑起点，这类研究的重心放在如何在国家课程的基础上，形成学校的特色。例如蔺红春等提出"准确把握学校课程建设的性质是有效进行学校课程建设的基本前提。学校课程建设主要是指有效实施国家课程与地方课程、合理开发校本课程，构建适切本校学生发展的课程体系。在建设的目的上具有课程指向的校本性，在建设的内容上具有文化内容的整合性，在建设的主体上具有教师主体性"[2]。徐继存提出"尽管学校教育具有一定的相似性，但是，学校确实是不一样的，见到一所学校并不等于见到了所有的学校，这并不是因为它们在组织结构上或者行为规则上有所不同，而是因为学校中的人在以个人和集体的方式应用这些规则和相互交往时各有不同之处。更何况，即使在同一个区域，不同的学校也各有其不同的发展过程、历史传统、现实状况和理想图景。所以，学校课程建设不能采用统一的模式，而只有从各自的学校实际出发，才能建设具有独特性的学校课程体系，铸造学校自己的个性，形成学校自己的文化，从而改变千校一面的状态，形成丰富多彩的办学格局"[3]。他在另一篇文章中也进一步论证了这一观点，并把学校课程建设的逻辑起点确定为现实课程的问题。他提出"学校课程建设是在不断解决学校现实课程问题的过程中得以展开和推进的，因而学校的现实课程问题应该是学校课程建设的逻辑起点。如果承认学校的现实课程问题是

[1] 王鑫.以学生核心素养为统领的学校课程体系建设——成都市棕北中学"三·三·六"课程体系探索 [J].教育研究，2017，38（09）：148—153.

[2] 蔺红春，徐继存.论学校课程建设的性质 [J].教育科学，2016，32（06）：19—24.

[3] 徐继存.学校课程建设的价值自觉 [J].西北师大学报（社会科学版），2018，55（06）：106—111.

学校课程建设的逻辑起点，那么学校课程建设就需要冲破同一性逻辑的羁绊，遵循非同一性的逻辑。学校课程建设不仅是一个理论问题，更是一个实践问题。只有回到学校课程建设的实践活动中，将学校课程建设的辩证逻辑转化为学校课程建设的实践理性，才能真正提升学校课程建设的成效，推进学校的改革与发展。为此，学校课程建设必须处理好继承与创新、现实与理想以及自由与规范之间的辩证关系"[1]。落实到实践中，我们可以看到许多关照实践的研究，例如高崇慧基于学校课程改革的实践提出特色学校建设视角下的学校适性课程体系构建[2]；王梅基于北京石油学院附属实验小学的实践提出一所新的学校如何构建富有特色的课程体系，把学校办学理念充分地渗透于学校课程建设中，形成学校发展的特色和品牌[3]。这类研究大多是各个学校的行动研究，将学校构建特色课程体系的过程作为研究的对象和成果，将课程体系建设作为学校发展的核心内容。当然，这类研究的最终目标仍然是指向于学生的发展，尤其是关注学生全面而自由的发展，即彰显学校特色与学生个性化发展紧密结合起来。

（3）以学科作为特色课程体系建构的逻辑起点。这类研究与实践认为，学校课程体系的建设，应回归对学科的研究。例如张廷凯等提出回归学科的研究，才是课程改革深化的逻辑。文章比较了学生发展核心素养和学科发展核心素养，提出"学生发展核心素养指向人的全面发展目标，它本身没有依据学科而划分。学科发展核心素养主要指学习者通过特定学科的学习应达成的反映该学科特质的重要思维品质和关键能力。很明显，学科发展核心素养具有各个学科的本质特征。二者最深层的连接在于都指向学生的全面发展"[4]。学科课程是体系化的知识，是将人类知识按照一定的选择原则和逻辑规则整合编制，并充分考虑一定年龄学生的接受能力而构建的教学内容，在国家课程中占据核心位置。在构建特色课程体系时，不

[1] 徐继存.学校课程建设的辩证逻辑 [J].教育研究，2018，39（12）：48—55.

[2] 高崇慧.特色学校建设视角下的学校适性课程体系构建实践 [J].现代教育科学，2018（07）：152—156.

[3] 王梅.新学校如何构建富有特色的课程体系 [J].中小学管理，2016（09）：52—53.

[4] 张廷凯，牛瑞雪.回归学科研究——课程改革的深化逻辑 [J].课程·教材·教法，2017，37（02）：10—15.

考虑学科本身的特点，这是不符合教育规律的。孙宽宁提出在新课改过程中，学科课程经历了从"被隐形"到"再发现"的曲折历程。"课改之初，人们追求创新，把目光聚焦于自主性强的校本课程，学科课程逐渐淡出人们的研究视野，而随着课改推进，人们的关注点从校本课程扩展到整个学校课程体系，作为主体内容的学科课程重新成为重点"[1]。这类研究提醒我们，要关注学科本身的逻辑，这也是学校特色课程体系建设的逻辑起点，即不能忽视了学科知识体系本身的特点。例如孙锦明等的研究主张"以国家学科课程为主体，构建以学科建设为取向的校长课程领导'三层九维'实践范式，其中目标层包括学科功能定位、课程开发、教学改革三个维度，过程层包括教研革新、教师发展、文化积淀三个维度，驱动层包括变革领导、专家引领、校际联动三个维度。该模型形成于学校现场并实质性运用于语文学科建设实验，强调学生立场、理论引领、协同创新、实践导向等特性，具有较强的理论价值与实践意义"[2]。

（4）整合三种逻辑起点的尝试。李云星的研究试图整合这三种立场，他基于浙江省基础教育课程改革调查分析发现，当前学校课程建设存在无视学生、忽视校本、漠视学科等问题。提出学校课程建设应坚持并综合运用学生、学校、学科三重立场，将学生作为课程建设的目的和方法，关注学校课程建设的校本性、地方性和独特性，聚焦学科知识逻辑与学科教育逻辑[3]。这一研究提出整合三种逻辑起点，当然不可忽视的是，学生（人）的发展才是教育的终极目标，也是新时代教育使命的体现。

人不是抽象的，不是空洞的，而是生活在一定时空中的。因此，人在特定的时空背景下如何发展，在特定的学校时空中如何发展，就需要赋予抽象的人以具体的特征。这种逻辑起点正是成师附小华润分校在行动研究中需要去破解的问题，尤其是在新时代的背景下，国家的教育方针对学生的全面发展提出了具体的要求，即要立德树人，以德为先。这就是本书在以往研究的基础上试图突破的一点。即在学校课程体系构建的逻辑起点

[1] 孙宽宁.学科课程建设的边界与整合 [J].当代教育科学，2017（04）：5—8.

[2] 孙锦明，王从华.学科建设取向下的校长课程领导实践范式创新[J].课程·教材·教法，2018，38（02）：34—40.

[3] 李云星.学生·学校·学科——学校课程建设的三重立场 [J].教育发展研究，2016，36（12）：39—45

方面，亦是以学生的发展作为学校课程体系的构建的逻辑起点，但对于学生发展的形态进行了更为细致的描绘——确立了德性引领的位置，将党建引领学校课程建设作为落实以德为先的重要路径。这样的逻辑起点更为明确，体现了教育的方向性的特征。

其三，以党建引领学校课程体系建设的相关研究还相对较少。如前所述，这正是本研究试图突破的方面，即赋予课程体系建设更清晰的价值取向。在这方面黄纶田等就提出学校课程建设"道德性"存在缺失的问题，应复归其道德性。这种道德性就是一种价值取向。文章"基于伦理学视角审视当前的学校课程建设工作，发现其存在着'人'的缺场、课程内容'价值性'的缺失以及课程'过程性'的缺位等问题。为此，以道德性为目标，学校课程建设应该努力回归育人为本，走向课程整合，关照课堂教学形态"[1]。这种"道德性"是基于教育活动的本质和内涵而提出的，强调"以人为本"，以幸福为目标，以遵循规律为原则。而"党建引领"的内涵则更强调教育活动与社会的本质关系，即从马克思主义的观点来看，教育本来就是自然、历史、社会的产物，这是我们回答培养什么样的人的问题的重要起点。这也是明确党建引领学校课程建设的价值取向。

2. 党建引领思政课程的研究

如前所述，先锋课程的建设，归根结底是要凸显党建对课程的全面引领。其中尤其重要的是如何建好思想政治理论课程（简称思政课程），因为它是落实立德树人根本任务的关键课程。党的十八大以来，以习近平同志为核心的党中央高度重视思政课建设，作出一系列重大决策部署。各地区各部门和各级各类学校采取有力措施认真贯彻落实，思政课建设取得显著成效，但在实践层面仍然面临较多的问题。如何发挥学校基层党建的作用，引领学校思想政治理论课程的建设，目前的理论研究还相对较少，是亟待解决的问题。

在义务教育阶段的思政课程研究中，已有的相关研究主要体现为对于道德与法治课教学的研究。例如孙彩平研究了如何从德育视角解读德育教材中历史主题的教学内容，尤其关注如何才能使历史主题不落入历史知识

---

[1] 黄纶田，吴丹颖，左璜，魏国武.学校课程建设"道德性"的缺失与复归[J].中小学德育，2020（07）：5—9.

传授而成为"教人做人"的德育教学。这一研究对于思考道德与法治课程内容与德育教学的关系非常有启发。她提出将历史理解为人的意义世界的演历过程，聚焦人的历史性。在这一思路下，重新理解《道德与法治》教材中历史主题教学内容的分布，并剖析实现人的历史性教学转变的三个关键点：身份认同、历史性理解和走向未来可能 [1]。在具体的教学模式上，朱小超等的研究提出了情境教学模式运用于思政课教学的具体思路，研究认为：情感、情境、思维都深刻反映"主观与客观相一致"的真理意蕴，都充分体现"各科教学内容与真实生活相通"的情境教学模式要义。他们在初中道德与法治课中进行了情境教学模式的实践探索，提出了具体的实践策略 [2]。唐燕的研究指出要推进德育课堂回归生活，需要在明晰课堂教学逻辑的生活化方面着力。她提出教学逻辑的生活化并非按照小学道德与法治预设的教育逻辑，按部就班地运用于本班的课堂教学中，而是需要教师将普遍的教材逻辑转化为适应本班儿童的、具体的教学逻辑。教师可以以小学道德与法治的教育逻辑为指引，以儿童生活的"现实"为起点，以儿童生活的"可能"为方向，以复原社会文化经验的"生活基底"为突破口，构建回归生活的课堂教学逻辑 [3]。上述研究都聚焦于中小学思政课程教学的探索，在我们探索具体的思政课程及"一脉""四季"校本思政课程的教学改革中，提供了丰富的改革思路与思想资源。

关于思政课程体系的研究，则更多聚焦于大中小学思政课一体化的体系建设方面。李东坡等人的研究指出了"一体化"的具体内涵，是指"把思政课建设作为一项铸魂育人的系统工程，将大学、中学、小学不同学段具有相对独立性的思政课，从立德树人的整体性视角出发，统筹设计与安排、协同教学与育人、调和部分与整体、优化衔接与融合、规范内容与运行，在循序渐进、螺旋上升的过程中，打造大中小学各学段纵向衔接、横向贯通、有机融合、不可分割的立体化、协同性、链条式的思政课课程体

[1] 孙彩平 . 人的历史性：小学"道德与法治"课中历史主题教学的生存论视角 [J]. 中国教育学刊，2021（10）：80—84.

[2] 朱小超，李洪山 . 情境教学模式三大核心要素"真"思考——以初中道德与法治课为例 [J]. 天津师范大学学报（基础教育版），2021，22（04）：51—56.

[3] 唐燕 . 教学如何"接童气"——论小学道德与法治课堂教学逻辑的生活化 [J]. 课程·教材·教法，2020，40（02）：77—84.

系、教学体系和育人体系"[1]。李东坡等人的研究对"一体化"建设也从教育理念、教学目标、课程内容、教学过程、教师队伍建设等五个方面提出了具体的对策。吴宏政等从思政课程目标的角度分析了如何使大中小学思政课实现一体化。他们提出大中小学思政课一体化建设首先要明确。四个目标：大中小学思政课内容的循序渐进与螺旋上升目标，大中小学各教育阶段知识体系一体化建设的目标，大中小学各教育阶段认知规律一体化建设目标，大中小学专业课程与思政课程"同向同行"一体化建设的目标。这些目标为大中小学思政课一体化建设提供了根本方向。[2]

关于思想引领方面，张彦等的研究提出构建核心价值观引领大中小学思想政治理论课一体化建设是加强铸魂育人效果的治本之策。具体提出了在根本出发点上要把握大中小学思想政治理论课一体化的辩证法，重视人的差异性与特殊性、兼顾教学内容与方法的创新性与时代性，凸显人的生成性与整体性。在大中小学思想政治理论课一体化教学过程中，要以学生的认知发展规律为前提，在不同学段分层次、分类别、有针对性地开展价值认知、价值辨析和价值认同的核心价值观教育。同时，遵循"阶段性"因材施教、统筹"递进式"有机衔接、推动"协同性"合力育人的方法论原则，使大中小学思想政治理论课一体化建设真正得以落实[3]。李伟的研究分析了大中小学思政课一体化建设的逻辑。从理论逻辑看，马克思主义认识论关于认识辩证过程的观点，唯物辩证法关于联系和发展、整体和部分的观点是大中小学思政课一体化建设的理论基础和支撑；从价值逻辑看，培养社会主义建设者和接班人的必然要求、推动思政课内涵式发展的关键举措、坚持思政课在课程体系中的政治引领作用和价值引领作用的重要抓手是大中小学思政课一体化建设重大意义的鲜明体现；从现实逻辑看，大中小学思政课各自为战现象日益凸显、西方腐朽生活方式和消极社会思潮对我国青少年渗透愈演愈烈、思政课边缘化地位亟待改变是大中小

[1] 李东坡，王学俭.新时代大中小学思政课一体化建设的内涵、挑战与对策[J].新疆师范大学学报（哲学社会科学版），2021，42（03）：60—69.

[2] 吴宏政，高丹.大中小学思政课一体化建设的目标论要[J].东北师大学报（哲学社会科学版），2021（05）：130—136，164.

[3] 张彦，韩伟.以核心价值观引领大中小学思政课一体化[J].学校党建与思想教育，2020（13）：62—65.

学思政课一体化建设需要解决的现实难题；从实践逻辑看，厘清课程目标、加强内容规划、提升教师素养、强化机制建设是提升大中小学思政课一体化建设成效的路径[1]。这一研究中，从价值逻辑进行的分析对成师附小华润分校的思政课程体系建设提供了重要的理论支撑，一方面我们要明确用什么思想来引领思政课的发展，另一方面则要突出思政课程在整个课程体系中的位置、政治引领和价值引领作用。

思政课程是学校德育课程体系的重要组成部分，党建引领思政课程的建设还体现在对学校德育课程的改革上，例如关注德育课程的价值取向的相关研究就体现了党的教育方针如何影响这类课程的建设。有研究梳理了马克思主义关于思想道德教育的思想、党在革命与建设时期形成思想政治教育经验和传统中国"德治"思想，总结了党的德育思想经历了从德育为首培育"四有"新人、德育首位"以德治国"到以人为本"立德树人"等不断发展的过程[2]，从而对党建引领思政课程的价值、目标及具体内容的研究奠定了基础。

在实践层面，上海市以党建引领课程建设的改革取得了显著的成效，也为理论研究奠定了实践的基础。上海市委、市政府制定出台《关于深化新时代学校思想政治理论课改革创新的实施意见》，市教卫工作党委、市教委会同市委组织部等单位出台《上海学校思想政治理论课改革创新行动计划》，充分发挥党建引领作用，积极构建"三圈三全十育人"思政工作体系，推动学校党组织落实主体责任，打造有温度的新时代思政课。党建的引领具体体现在系统设计、体制机制、工作格局三个层面，切实强化了党对思政课建设的全面领导，为发挥教师的积极性、主动性、创造性提供平台和条件，不断增强思政课的思想性、理论性和亲和力、针对性，全面推动习近平新时代中国特色社会主义思想进教材、进课堂、进学生头脑[3]。北京市海淀区翠微小学的实践探索体现为"用大思政观统领，以党

---

[1] 李伟.大中小学思政课一体化建设的逻辑理路 [J].河南社会科学，2020，28（08）：119—124.

[2] 尤玉军，曹伯祥.从德育为首到立德树人：新时期党的德育思想研究 [J].中国劳动关系学院学报，2015，29（04）：104—109.

[3] 打造有温度的新时代思政课——党建引领下的上海学校思政课实践创新 [J].上海党史与党建，2020（04）：66.

建引领思政"，具体的举措包括：党的建设与师德建设相结合，打造过硬的思政课教师队伍，充分发挥共青团和少先队的作用，思想政治教育与校园文化建设相结合，思想政治教育与拓展教学相结合。构建党政齐抓共管、部门各负其责、家校协调联动的工作格局。在党建引领思政课程建设方面，强调凸显思政教育在必修课的重要位置，采取"统一思想、强化管理、凸显地位、强力保障、整合资源"五条措施保障教学资源落实[1]。还有研究分析了党建引领生涯教育课程建设的路径，将生涯课程作为大思政课程中的内容，是学校德育实践体系的一部分。新时代学校发挥党建引领优势，把提升立德树人能力和引领教育质量提升作为改革探索的重要抓手，围绕学校培养行为规范、人格健全、具有家国情怀的新时代公民的育人目标，聚焦新生涯教育引领学生发展这一中心，在党组织的领导下构建以校本德育活动为基础、大思政课程为核心、新生涯课程为路径的新生涯德育实践体系。[2] 这一研究是北京十一中学在实践探索的基础上凝练的研究成果，为成师附小华润分校思考如何以党建引领这一类德育实践课程的建设提供了重要的实践经验。

关于少先队活动课程建设的研究，前文已进行了述评，少先队活动课程作为学校大思政观背景下的课程组成部分，具有非常重要的位置，党建对少先队活动课程的引领也是这一主题下的重要内容，但当前相关的研究并不多，主要是学校党建工作及少先队工作经验的总结，例如浙江省兰溪市外国语小学以浙江省委十三届四次全会提出的重大决策"五水共治"为教育内容，构建了"党建＋队建"德育模式，以基层党组织的建设引领少先队的建设，并具体落实到关注地方重大经济民生政策的内容上来建设少先队的活动课程[3]。成师附小华润分校的实践探索，首先是将少先队活动作为课程体系来进行设计，进而将少先队活动课程作为思政课程体系的重要组成部分，研究如何以党建来引领少先队课程的建设，从而使学校的思

[1] 许培军.用大思政观统领　以党建引领思政——北京市海淀区翠微小学的创新探索 [J]. 中国教育学刊，2021（S1）：194—196.

[2] 柏参天，黄秉全.构建党建引领下的新生涯德育实践体系 [J]. 中国教育学刊，2021（S1）：186—187，191.

[3] 赵霞.奏出"五水共治"最强音——"党建＋队建"德育模式的实践与思考 [J]. 中国德育，2018（24）：55—56.

政课程体系起到价值引领的作用，提高对学生价值观塑造的教育实效。

3. 党建引领课程思政的研究

"课程思政"是以构建全员、全程、全课程育人格局的形式将各类课程与思想政治理论课同向同行，形成协同效应，其主要形式是将思想政治教育元素，包括思想政治教育的理论知识、价值理念以及精神追求等融入各门课程中去，潜移默化地对学生的思想意识、行为举止产生影响[1]。关于中小学党建如何引领课程思政的研究还非常少，党建引领课程思政的研究主要集中在高校，如宋之帅等提出发挥党组织政治功能推进课程思政建设的重要意义，并以合肥工业大学"教师党支部建设之课程思政"项目的实践为基础，探索"组织育人"与"课程育人"一体融合的"党建+课程思政"育人模式，并从制度设计、部门协同、支部引领、党员带动等方面提出保障措施[2]。这类研究对中小学探索党建引领课程思政的问题具有启发意义。

基于课程思政的理念，小学的少先队活动课程的建设也应渗透到学科课程及其他综合实践活动课程中，如前所述，薛国凤、易文意等的研究即关注这一问题，这也是本研究试图突破对少先队活动课程建设仅局限于思政课程的范畴，强调少先队活动课程应充分开发和挖掘课程思政的资源与途径。

4. 党建引领课程评价改革的研究

评价对教育教学改革具有重要的方向引领作用。评价本身是具有价值取向的教育环节，对课程评价进行改革是学校课程体系建设的重要组成部分，本书对于先锋课程体系的建设，也在课程评价的改革上进行了实践探索。

随着课程改革的推进，关于课程评价的研究可谓汗牛充栋[3]。而如何

[1] 王学俭，石岩. 新时代课程思政的内涵、特点、难点及应对策略 [J]. 新疆师范大学学报（哲学社会科学版），2020，41（02）：50—58.

[2] 宋之帅，高鑫雨，汤雪银，钟军. 发挥党组织政治功能推进课程思政建设探究 [J]. 合肥工业大学学报（社会科学版），2021，35（06）：133—137.

[3] 可参考刘志军. 课程评价的现状、问题与展望 [J]. 课程·教材·教法，2007（01）：3—12.；张俊列. 中国课程评价研究 40 年：历程、主题与展望 [J]. 课程·教材·教法，2018，38（10）：59—66.

对一个学校的课程体系进行评价，又超越了对单门课程评价的问题，还涉及课程与课程之间的关系，课程与学校整体发展的关系等问题。已有研究从课程目标、资源开发、课程实施、学生发展、教师成长等方面，以及学生、教师、家长、学校、政府等多个利益相关主体的角度，采用发展性评价、表现性评价、增值性评价等多种方式，全方位评价课程体系建设。这类研究主要集中于对高校某专业或某类课程体系的研究。例如张婧婧等以慕课平台为例，研究了跨学科课程体系的评价，该研究运用传染病 SI 模型对四大学科的跨学科交叉过程进行了模拟，并从学科多样性与聚合性两大维度对学科交叉程度进行了测量。结果表明，跨学科课程体系建立并非"多"学科融合，不同学科在建设本学科跨学科课程体系中应综合考虑多个维度的评价指标，避免出现"一家独大"的跨学科课程体系的假象，与"复而不合"的局面。应在学科专家的引领下，结合数据挖掘的优势，综合考虑学科的多样性与聚合性等评价指标，来推动我国高等教育跨学科课程体系的改革[1]。李庆丰的研究指出课程体系作为人才培养的知识载体，是人才培养的前提基础，应加强顶层设计，以目标为导向，以评价为引领，推动课程体系建设。在顶层设计要明晰人才培养目标及具体标准；要以目标导向，构建彰显学校特色的课程体系；要发挥评价的引领作用，实现人才培养的质量保证[2]。

刘艾清等的研究则明确提出了在中小学的课程评价中，要关注学校层级的课程评价，即对以学校为中心，以学校的课程体系及其运作为评价对象；学校层级的课程评价原则包括：以学生素质发展为评价旨趣、以多元化成员的共同体为评价主体、以课程事务过程与结果兼顾为评价思路、以多途径搜集的数据为评价依据。开展评价的三条路径有以课程要素为评价的出发点、以学校课程规划过程为评价线索、以学校课程文本为主要评价对象[3]。这种对学校课程体系的评价对本研究中先锋课程体系评价整体路

[1] 张婧婧，高明，张汉杰.跨学科课程体系多样性与聚合性评价研究——以 MOOCs 为例 [J]. 复旦教育论坛，2019，17（05）：47—54，61.

[2] 李庆丰.强化导向和评价　推动课程体系建设 [J]. 中国高等教育，2014（09）：35—37.

[3] 刘艾清，陈义海.学校层级课程评价的问题探讨 [J]. 教学与管理，2016（31）：5—7.

径的构建具有启发意义。

关于思政课程的评价研究，有研究关注了核心素养背景下思政课程评价的改革，提出基于核心素养的课程评价应该更加形式多样、主体多元、内容翔实。根据思想政治学科的核心素养（政治认同、理性精神、法治意识、公共参与），适宜采用综合性课程评价，即通过多项分层、多元互动、突出个性等多样化的形式，实现对学生的学科综合评价[1]。在本研究中，核心素养就是价值判断的标准，这在评价活动中具有方向指引的作用。杨伟东等分析了 SOLO 分类评价法（Structure of the Observed Learning Outcome）运用于道德与法治课程的考试评价及对道德与法治课程教学的启示[2]。马圆圆的研究提出将真实性评价运用于道德与法治课程教学的评价。真实性评价是针对标准化测验批判反思的产物，是一种通过让学生完成真实性任务来考查学生知识、能力真实发展情况的评价理念和评价方式。这一评价方式符合我国"道德与法治"学科教学评价的基本理念，借助拟真的评价任务、多样的评价方法、明晰的评价标准和真实可靠的评价信息，解决该课程教学评价中存在的评价难题：评价目标具有生活性、评价领域较为复杂、评价过程难以排除主观倾向、评价结果具有模糊性和不确定性等[3]。这些关于思政课程教学评价的改革，尤其是多种方法的运用，为本书探索思政课程评价提供了具体的做法，在道德与法治课程及"一脉""四季"课程的教学中，教师亦运用了如表现性评价、增值性评价等具体的评价方法。在评价的价值标准上，以学生发展核心素养及思政课程的学科核心素养作为依据，较好地进行了课程评价的改革探索。

关于课程思政的评价研究，主要集中于评价原则、评价机制、评价体

[1] 马仲宏.核心素养背景下的思想政治课评价体系 [J]. 中学政治教学参考，2017（07）: 46—47.

[2] 杨伟东，剧爱玲 .SOLO 分类评价法的运用及教学启示 [J]. 中学政治教学参考，2021（38）: 66—68.

[3] 马圆圆 . 真实性评价："道德与法治"课程教学评价的新路向 [J]. 内蒙古师范大学学报（教育科学版），2021，34（05）: 117—122，146.

系、评价方法等维度[1]。关于评价原则的研究，谭红岩等提出研制课程思政评估指标体系应充分考虑教师的主体性、学生的体验性、贯穿全过程和发展性四个原则[2]。陆道坤认为课程思政要为了、基于、围绕学生思想政治素养"增值"，课程思政评价原则也应聚焦于此。在评价的原则上，要坚持为了学生思想政治素养"增值"、基于学生思想政治素养"增值"、围绕学生思想政治素养"增值"，注重发展的过程性和综合性[3]。关于评价机制的研究，陈敏生等提出要建立课程思政改革和党建考核融合机制，将课程思政建设成效纳入教学单位党支部党建考核指标体系，使教学评价成为推进课程思政教学改革、提升课程思政质量的有力工具[4]。张瑞等认为课程思政在实施上受到高校场域中知识课程目标、课程评价技术、学科专业化的评价内容、课程评价管理等层面的阻力。要化解课程思政教学评价的阻力需立足德育目标导向，建构思政性德育评价体系；基于课程创生取向，消解课程思政评价的技术症结；立足跨学科实践转向，实现课程思政评价的逻辑转换；形成评价主体多元化倾向，构建课程思政评价共同体[5]。关于评价体系的研究，汤苗苗等提出高校课程思政考核评价制度缺失问题亟待解决，需要以科学合理的考核评价体系为"主动力"，不断完善高校课程思政建设[6]。王岳喜在分析课程思政评价体系构建重要意义的基础上，提出课程思政评价体系的构建要遵循量化评价和质性评价相结合、形成性评价和总结性评价相结合、诊断性评价和发展性评价相结合的构建原则。要正确认识课程思政评价的主体、客体，制定详细的评价指标体系，运用恰当的评价方法，把握课程思政评价和思政课程评价的区别，

[1] 侯勇，钱锦.课程思政研究的现状、评价与创新[J].江苏大学学报（社会科学版），2021，23（06）：66—76.

[2] 谭红岩，郭源源，王娟娟.高校课程思政评估指标体系的构建与改进[J].教师教育研究，2020，32（05）：11—15.

[3] 陆道坤.课程思政评价的设计与实施[J].思想理论教育，2021（03）：25—31.

[4] 陈敏生，夏欧东，朱汉祎，李丽.高等院校推进课程思政改革的若干思考[J].高教探索，2020（08）：77—80.

[5] 张瑞，覃千钟.课程思政教学评价：内涵、阻力及化解[J].教育理论与实践，2021，41（36）：49—52.

[6] 汤苗苗，董美娟.高校课程思政建设存在的问题及对策[J].学校党建与思想教育，2020（22）：54—55，70.

积极推进课程思政建设工作[1]。许祥云等基于 CIPP 评价模式的理论框架，以教育部《高等学校课程思政建设指导纲要》等政策文本和质性访谈结果为依据，在初选课程思政教育活动评价指标的基础上，通过测量工具（量表）收集研究样本，在对样本数据进行项目分析、因子分析和信度检验后，形成了稳定的"背景评价、输入评价、过程评价和结果评价"四维结构，并分离出政治环境、课程资源、教学方案、教学效果等 11 个二级指标（公共因子），同时以因子分析过程中所产生的因子得分系数对各级指标进行权重赋值，从而完成指标体系的构建。本研究所构建的指标体系既关注了课程思政教育活动的过程性与覆盖面，也注意引导评价者坚持形成性评价与结果性评价相结合，具有一定的实用价值[2]。关于评价方法改革的研究，王慧莉等借鉴建构主义理论、情境认知理论，依据逆向设计与协商建构的原则着重探讨表现性评价在体育课程思政中应用的理论与实践框架，充分展现诊断、反馈、促改、决策的复合功能以及表现性评价过程，即教学过程的统整性特征[3]。上述关于课程思政评价的研究主要集中于高等教育领域，这也体现出目前我们对中小学课程思政评价方面的研究还较为薄弱。

综上所述，关于中小学如何以党建引领学校课程建设的研究整体较少，尤其是在学校党建引领课程思政的相关研究方面主要还是集中在高等教育领域，中小学非常有必要在理论研究和实践探索层面去研究课程思政目标设计、课程思政内容资源开发、课程思政的教学改革、课程思政的评价改革等方面的内容，以解决实践中的问题与困惑。本书关于党建引领先锋课程的建设，正是要将成师附小华润分校在实践方面的成果凝练为具有一定借鉴性的路径和策略，拓展中小学对党建引领学校课程建设研究的思路，为相关理论研究提供实践的经验基础。

[1] 王岳喜.论高校课程思政评价体系的构建 [J].思想理论教育导刊，2020（10）：125—130.

[2] 许祥云、王佳佳.高校课程思政综合评价指标体系构建——基于 CIPP 评价模式的理论框架 [J].高校教育管理，2022，16（01）：47—60.

[3] 王慧莉，吕万刚.表现性评价在体育课程思政建设中的应用研究——以体育教育专业体操类专项课程为例 [J].体育学刊，2022，29（01）：103—110.

第三章 党建引领先锋课程建设的内涵与意义

以"先锋"为课程体系命名,体现了成师附小华润分校在落实党对教育全面领导上的具体行动,体现了学校教育落实"立德树人"根本任务,明确了社会主义的根本性质在学校教育活动中的载体形式。

一、以"先锋"命名的内涵解析

如前所述,命名"先锋"课程,源自少年儿童先锋队的名称。在新时代,我们如何理解先锋,如何理解将"先锋"一词放在儿童的称谓上,这是学校在进行这一课程体系建构时首先考虑的问题。

少先队原名"中国少年儿童队"。1953 年 8 月 21 日,中国新民主主义青年团中央委员会发布《关于"中国少年儿童队"改名为"中国少年先锋队"的说明》,对"先锋"一词做了解读:"'先锋'是开辟道路的人,是为了人民的利益走在前面的人。"[1] 以"先锋"来命名这个广泛的具有教育意义的儿童组织,并不是要对儿童提更严苛的要求,而"是教育儿童学

---

[1] 中国新民主主义青年团中央委员会关于"中国少年儿童队"改名为"中国少年先锋队"的说明 [J]. 江苏教育,1953(09):19.

习先锋们的榜样，继承他们的事业，沿着中国共产党和毛主席及其战友们为我们开辟的道路勇敢前进！"[1] 可见此次改名意在强调儿童应该向谁学习，学习什么。《说明》中强调，改名为"先锋"是要"教导他们学习伟大先锋们的事业，以及他们的生活和斗争事迹；鼓励队员们为了无愧于少年先锋队的光荣称号，为了在将来真正能担当起先锋者的事业，要好好学习，锻炼身体，遵守纪律，团结友爱，准备为建设祖国的事业，为实现中国共产党和毛主席的伟大理想而奋斗！"[2] 这也正是我们命名"先锋课程"的意义所在。

在新时代的背景下，中国共产党肩负着为中国人民谋幸福、为中华民族谋复兴的伟大使命，教育的使命则是为民族的复兴培养人才。那么在我们的学校课程体系中，就是要始终坚守这一使命，在课程体系的建构中，明确引导学生应该向谁学习，应该学习什么，怎样学习。这正是少先队改名为"先锋"给我们的启示。

再从"先锋"的字词义来理解。"先，前进也。"（《说文解字》）"先锋"具有时间意义上的领先性，意味着超越、引领，它不是静态的，而是与时俱进的动态过程。另一方面，从空间的社会意义来看，它具有超越当前社会形态的超前、先进的特点，即其站在更广阔的时空视角来审视当下的社会活动。这种更广阔的视角就是不被眼前的场景、利益所束缚，着眼于未来，着眼于更伟大的目标。共产主义之于当下我国的社会主义建设就具有这样的意义。以中国共产党为代表的伟大先辈们发挥的"先锋"引领作用，对于当代的青少年儿童，亦具有这样的格局和视野。以"先锋"命名少年儿童组织，就是要让儿童的眼中有更为广阔的时空范畴，从而激发他们向伟大先辈学习的决心，并继承先辈们的伟大事业。

二、从教育学的视角认识先锋课程的价值

"我们往往从个人主义观点去看学校，以为它不过是师生之间或教师

---

[1] 中国新民主主义青年团中央委员会关于"中国少年儿童队"改名为"中国少年先锋队"的说明 [J]. 江苏教育，1953（09）：19.

[2] 中国新民主主义青年团中央委员会关于"中国少年儿童队"改名为"中国少年先锋队"的说明 [J]. 江苏教育，1953（09）：19.

和儿童的父母之间的事情"[1]。杜威在《学校与社会》中提醒我们要注意学校与社会的关系，提醒我们"眼界需要扩大。最贤明的父母所希望于自己孩子的一定是社会所希望于一切儿童的"。在我们讨论教育的功能时，常常区分为教育的个体功能和社会功能，这种二元的划分是为了更好地认识教育的功能，但从教育的本质及其存在的真实状况来看，个人和社会的发展本质上是统一的。这也是用马克思主义辩证唯物的方法论看待事物的方式。换言之，当我们研究学校的课程时，就需要去分析课程如何体现个体与社会的统一。

新时代我国的教育方针是培养德智体美劳全面发展的社会主义建设者和接班人。这一方针统一了个体与社会的发展。从马克思主义的观点来看，人的全面发展本来也是社会发展的核心目标，教育活动在其中起到重要的作用。那么我们如何认识教育呢？

我们如何认识教育的本质，也决定了我们如何看待教育与人、教育与社会的关系。如果我们把教育仅仅视为人类众多社会活动中的一种，那么教育的重要性就没有那么大，对人的影响也将是有限的。在这一视角下，教育活动，包括教育的核心部分——课程，就仅仅是为了实现某些社会功能或促进个体发展的功能而已。但换一个更广阔的视角来看待教育，我们跳出社会的某种"活动"的视野来看，教育更具有其时空属性，就是过程的属性。它伴随着人类社会的出现而出现，它使人成为人。因为"在时间维度上，教育不仅是人类生命的构成部分，且其本身就是人类生命的基本过程，它贯穿于个体生命的始终，也是人类种群生命得以延续的整个过程"。"在空间维度上，教育是人类生命的存在方式"。教育是人之成为人的必要条件，"通过教育，人不断形成着自己的生命，创造着自己的生命，实现着自己的生命，追寻着自己生命的幸福轨迹。随着人类教育过程的实现，人的需要、动机、兴趣不断丰富，人的知识、理智和智慧不断增长，生命质量不断改善与提升。人类生命的内容、过程、方式和质量都是通过教育实现的"[2]。人的全面发展就是人不断完善自己的潜能素质的过程，亦

[1] [美]杜威.学校与社会·明日之学校[M].赵祥麟等译.北京：人民教育出版社，2005：25.

[2] 巴登尼玛，李松林，刘冲.人类生命智慧提升过程是教育学学科发展的原点[J].教育研究，2014，35（06）：20—24.

是在教育中实现的。从这个时空维度认识教育的本质，就意味着学校教育不是一个单独的时空维度，它必然和我们所处的历史、社会紧密联系在一起，这也是用马克思主义的历史唯物主义的方法论去思考学校教育与社会的关系。

因此，新时代的学校教育，必然面临着为谁培养人、培养什么样的人的问题，而在具体的实践过程中，就是通过课程的设计与实施来践行"怎样培养人"，从而回应了国家教育方针的要求。在构建"先锋课程"的过程中，我们正是以这样的理念为指导，去思考教育与社会、教育与人的关系，以及进一步聚焦我们在新时代的学校教育与社会、与人的关系。换言之，从教育学的角度思考课程的建设，其背后的理论基础就是要明确教育与社会发展的关系，从而坚定立场，落实立德树人的根本任务。

课程，简单地说，就是知识及其进程安排。但"什么知识最有价值""谁的知识最有价值"等关于课程知识选择的根本性问题是在"先锋课程"构建过程中需要去回答和落实的。其实，在我国的教材改革过程中，已经明确了这一答案。教材是课程知识的有形载体。习近平总书记指出"教材建设是国家事权"，2019年教育部印发的《中小学教材管理办法》中明确指出"为贯彻党中央、国务院关于加强和改进新形势下大中小学教材建设的意见，全面加强党的领导，落实国家事权"。根据上述要求可见，教材所承载的课程知识，必须反映我国的社会主义性质，因为"教材总是国家社会政治制度的反映。如此，强烈地渗透着国家意识形态的教材，才具有理所当然的'正当性'或'合法性'，以便对不同利益群体的教化，使国家的意志得以贯彻落实"[1]。教育部副部长郑富芝也指出"尺寸教材，悠悠国事"，教材建设是国家事权，"体现国家意志是核心要求""坚持党的领导是根本保证""服务国家发展战略是重要使命""强化政府统筹管理是基本手段"。从国家对教材建设的要求来看，课程的管理和建设也应鲜明地体现国家的意志，把课程与国家发展战略、教育的使命等联系在一起。这亦是"先锋课程"建设中所体现的价值取向。

当然对于课程的本质是知识，是活动还是经验，在不同的哲学流派中

---

[1] 郝志军.教材建设作为国家事权的政策意蕴[J].教育研究，2020，41（03）：22—25.

有不同的理解，从而形成了不同的课程类型。在我国的课程体系中，学科课程占据主导位置，但实际上对于活动或实践本身的重视，是一直就有的。因为在马克思主义关于人的全面发展学说中，劳动本身就具有重要的教育价值，通过劳动，人的潜能才能得到开发。当然我们不能狭隘地理解劳动，从更广泛的意义上来看，劳动就是实践，这种实践实现了人与人之间关系的建构，以及人与这个世界关系的建构。教育也不能脱离实践。因此，自新中国成立以来，我国就把"教育与生产劳动相结合"写进了教育方针，并把它视为主要途径，在课程的形态上形成了学科课程、活动课程、社会实践组合而成的课程体系。在新课程改革的过程中，进一步强调要"改变课程过于注重知识传授的倾向，强调形成积极主动的学习态度，使获得基础知识与基本技能的过程同时成为学会学习和形成正确价值观的过程"。"改变课程实施过于强调接受学习、死记硬背、机械训练的现状，倡导学生主动参与、乐于探究、勤于动手，培养学生搜集和处理信息的能力、获取新知识的能力、分析和解决问题的能力，以及交流与合作的能力"[1]。这些改革举措，在课程的内容设计及教学改革的方式上都要求学校教育做出变革，"实践"成为一种重要的导向，亦是促进"五育"融合的重要途径。

总之，从教育学的视角来看，先锋课程体现国家意志，承担育人使命，落实立德树人的根本任务，这是符合教育的规律的。因此，建设先锋课程，应明确课程的价值属性，充分体现课程在教育与社会、教育与人的发展的关系中应有的作用。

三、党建引领先锋课程建设的内涵解析

中国共产党作为先锋，带领人民取得了伟大的胜利，是冲锋在前的开拓者、领导者。学校教育事业培养人才，就是要培养伟大事业的继承者，使儿童、青少年成长为共产主义的接班人。这是"先锋"赋予儿童、青少年的使命，亦是赋予学校教育的责任。结合上述分析，我们将先锋课

---

[1] 基础教育课程改革纲要（试行）[N]. 中国教育报，2001-07-27（002）.DOI: 10.28102/n.cnki.ncjyb.2001.000928.

程定义为：在党建的引领下，以"党的理想与追求一脉相承、代代相传"为导向，以"从小学先锋、长大做先锋，成为担当民族复兴大任的时代新人"[1]为目标，以政治立场、文化传承、价值观教育等为主要内容，以"思政课程与课程思政"为路径的课程体系。

首先，这个课程体系回答了向谁学习的问题。我们提出要"学先锋"，在《关于"中国少年儿童队"改名为"中国少年先锋队"的说明》中就告诉了我们"先锋"是谁。"'先锋'是开道路的人，是为了人民的利益走在前面的人。人类历史上有许多著名的科学家、哲学家、文学家、艺术家以及许多的人民英雄，他们为了追求真理和争取人类的自由幸福，勇敢地、不怕困难地进行了伟大的创造性劳动，开辟了人类前进的道路，他们是先锋。伟大的马克思、列宁为劳动人民的解放事业开辟了道路，他们是最伟大的共产主义先锋。我们敬爱的领袖毛主席和他的战友们，领导我国人民获得了解放，建设着新生活，他们也是伟大的共产主义先锋。在我们祖国的各个战线上，有着许多战斗英雄、劳动模范、先进工作者，有着许多共产党员、青年团员，他们带头倡导，不怕困难，把自己的一切贡献给保卫祖国和建设祖国的事业。他们是建设新生活的先锋"。这些就是我们要学的先锋，是真正的共产主义先锋。

其次，这个课程体系回答了学习什么的问题。我们要学习先锋们的什么精神呢？就是他们身上所体现的"先锋"二字的精神，先锋代表着开创新的道路，共产主义的先锋代表着为了人民的利益走在前面。这其实就是中国共产党的根本宗旨——为人民服务。我们在新时代的使命——中华民族的复兴、人民的幸福，其本质也是体现"为人民服务"。因此，先锋课程应承载着共产主义先锋伟大的革命精神、革命传统，学习中国共产党如何领导伟大的中国人民获得解放、开创新的时代应是其中重要的内容。而人类历史上以及中华民族发展历史上伟大先锋们所开创的道路、事业，转化为各个学科的内容亦是先锋课程所承载的内容。先锋们秉持着为人民服务的宗旨、勇于开创的精神、实践的路径方式等，亦是在课程实施中要引导学生去体会、学习的重要内容。因此，先锋课程的内容体系就具体体现

---

[1] 习近平. 致中国少年先锋队建队 70 周年贺信 [EB/OL]. （2019–10–13）[2022–06–05].http://www.gov.cn/xinwen/2019–10/13/content_5439064.htm.

为政治立场、文化传承、价值观教育等方面的内容。

第三，这个课程体系回答了怎样学习的问题。学习既包含着继承，也孕育着创新。学习先锋的开创精神就是儿童、青少年在未来的事业中要去继承先锋们的意志、道路，并且能继续开拓创新。从课程体系的建构而言，先锋课程是思政课程和课程思政共同建构的体系。从学习的方式上看，则强调教育与实践的结合，通过"五育"并举、"五育"融合，培养全面发展的社会主义建设者和接班人。关于怎样学习，正是成师附小华润分校在实践中不断去探索的问题，并凝练成实践经验，在本书后面各章逐一展开讨论。

第四章　党建引领先锋课程建设的
总体思路

上一章阐述了先锋课程体系建设的价值与理念。先锋课程，不仅仅指少先队活动，亦不仅仅指学校的思想政治教育类课程，而是要用"先锋"的理念精神引领整个学校的课程体系建设。因此，我们学校建构的"先锋课程"是一个课程体系。这个体系的构建以学校的党建为引领，遵循教育教学规律，在实践探索中不断进行丰富和完善。这是一个课程体系的构建和完善，也是一个学校发展的历程。

一、党建引领：先锋课程价值目标的实践路径

如前所述，从"先锋"的内涵及教育与社会、教育与人的发展关系去思考学校教育的课程体系，首先就应明确其基本的价值目标。"党建引领"正是对课程体系价值目标方向的引导。习近平同志在全国教育大会上指出，各级各类学校的党组织要增强"四个意识"、坚定"四个自信"，坚定不移维护党中央权威和集中统一领导，自觉在政治立场、政治方向、政治原则、政治道路上同党中央保持高度一致。"四个意识"是指政治意识、大局意识、核心意识、看齐意识，"四个自信"是指道路自信、理论自信、制度自信、文化自信。从党和国家的要求来看，我们的课程体系应把增强

教师和学生的"四个意识",坚定教师和学生的"四个自信"作为具体的要求,课程体系的目标、内容的设置、课程的实施都应在这一要求的指引下进行设计和落实。

从教育学的视角来审视先锋课程的价值目标,要明确教育目的与培养目标、课程目标之间的关系。教育目的决定了学校的培养目标,培养目标决定了课程的目标。在实践中,则是通过课程目标的实现来落实学校的培养目标,通过各级各类学校培养目标的实现,来落实国家的教育目的。因此,在确定先锋课程体系的目标时,我们要以国家的教育目的来明确学校的培养目标,进而以学校的培养目标来落实课程体系的目标及每门课程具体的目标。我国新时代的教育目的是要培养德智体美劳全面发展的社会主义建设者和接班人,教育的根本任务是立德树人。具体到义务教育阶段的学校,根据《中共中央 国务院关于深化教育教学改革全面提高义务教育质量的意见》的基本要求,把"着力在坚定理想信念、厚植爱国主义情怀、加强品德修养、增长知识见识、培养奋斗精神、增强综合素质上下功夫","坚持德育为先,教育引导学生爱党爱国爱人民爱社会主义;坚持全面发展,为学生终身发展奠基;坚持面向全体,办好每所学校、教好每名学生;坚持知行合一,让学生成为生活和学习的主人",作为义务教育阶段学校在新时代提高教育质量的具体目标。成师附小华润分校以此要求作为凝练学校培养目标的基本价值目标,结合学校的"华枝春满、润物无声"的办学理念[1],描绘了师生发展的目标,即"赤诚""阳光""丰盈"。"赤诚"回答了为谁培养人的问题,体现了学校在坚定理想信念、厚植爱国主义情怀上的目标,亦是党建引领学校发展建设的直接体现。学校在育人目标上将全面贯彻党的领导,为新时代社会主义的建设、为伟大的民族复兴使命培养人才。"阳光"和"丰盈"则是对学生全面发展形态的描述,将"加强品德修养、增长知识见识、培养奋斗精神、增强综合素质"落到实处,体现了学生身心健康、全面而自由发展的特点。

根据学校"赤诚""阳光""丰盈"的育人目标,我们进一步确定了先锋课程体系的目标——"从小学先锋、长大做先锋,努力成长为能担当民

---

[1] 关于学校办学理念的阐释参见拙著《新时代育人体系的学校实践》,四川民族出版社,2020年。

族复兴大任的时代新人"。"先锋"是学校特色课程体系建设的基本理念和价值方向。"先锋"的含义及其精神内涵在第三章已进行了阐述,具体来说就是要通过先锋课程体系来为学生向先锋学习、成长为先锋奠定基础。在将育人目标转化为具体的课程目标时,还要结合《中国学生发展素养》来进行阐释和具象化。因为"核心素养是党的教育方针的具体化,是连接宏观教育理念、培养目标与具体教育教学实践的中间环节。党的教育方针通过核心素养这一桥梁,可以转化为教育教学实践可用的、教育工作者易于理解的具体要求,明确学生应具备的必备品格和关键能力,从中观层面深入回答'立什么德、树什么人'的根本问题,引领课程改革和育人模式变革"[1]。学生发展核心素养,主要指学生应具备的、能够适应终身发展和社会发展需要的必备品格和关键能力。中国学生发展核心素养以培养"全面发展的人"为核心,分为文化基础、自主发展、社会参与三个方面,综合表现为人文底蕴、科学精神、学会学习、健康生活、责任担当、实践创新六大素养,具体细化为国家认同等十八个基本要点(简称"三个方面""六大素养""十八个基本点")。先锋课程体系的构建,将涵盖上述核心素养,尤其在人文底蕴这个素养中,强化人文积淀和人文情怀这两个基本点,加强中华优秀传统文化教育,将中华民族的"根"与"魂"系于新一代的培养中,将厚植家国情怀的目标更为鲜明地体现出来;在责任担当中,将坚定理想信念的目标融入社会责任、国家认同、国际理解的教育中,突出对于学生政治意识的培养;在实践创新中,强化对于学生劳动意识的培养,充分理解教育与生产劳动相结合这一途径的含义,培养具有实践精神、创新意识和创新能力的人。

二、一核两翼:构建党建引领先锋课程的体系内容建设

新课改以来,我国逐步形成了国家、地方、学校三级课程管理的体制。学校层面应主动进行课程的建设,这种课程的建设不能窄化为几门校本课程的开发,而是要对学校的整个课程体系如何落实国家课程、地方课

---

[1] 凝练学生发展核心素养 培养全面发展的人——中国学生发展核心素养研究课题组负责人答记者问 [N]. 中国教育报,2016-9-14.

程，如何根据办学理念与育人目标发展学校特色来进行整体课程的设计、规划。"中小学课程建设所面临的主要问题就是如何解决国家课程方案的统一要求与地方、学校、学生个别需求之间的矛盾，实现统一的国家课程方案对不同地区、学校及学生的个别需求的适应性，此乃实施三级课程管理体制的初衷"[1]。即学校应该是课程建设的主体，一所学校的课程应该是有灵魂的。成师附小华润分校的办学文化蕴藏着华润集团红色企业的基因以及成师附小的文化历史，在这样办学的基因里，"红色""先锋"是学校自开办以来有意或无意都在课程及学校文化建设中逐步渗透及显现的。党的十八大明确了我国进入新的时代，亦赋予了教育新的使命，全国教育大会及习近平新时代中国特色社会主义思想关于教育的阐述进一步使成师附小华润分校明确了办学的特色及其在课程中的具体体现，即将红色基因发扬光大，用红色传统教育师生，引领师生的发展，由此逐步构建起党建引领下的"先锋课程体系"。

（一）以先锋为理念与价值方向

"先锋"是成师附小华润分校学校特色课程体系建设的基本理念和价值方向。以"先锋"引领学校"新三适"[2]课程（下面将会讲述到）的进一步发展。基于上述对先锋课程价值目标的认识及具体目标的确立，在近三年的探索中逐步完善了以"新三适"课程为核心，以"一脉""四季"特色课程为两翼的先锋课程体系。课程体系以学校党建为引领，内容

---

[1] 郭华. 学校应成为课程管理的主体 [J]. 中国民族教育，2016（8）：11—14.

[2] 基于新时代的课程定位，以基础性、多样性、实践性为原则，学校用"新三适"课程回应"培养德智体美劳全面发展的社会主义建设者和接班人"的教育目标。"新三适"课程是适性教育的具体体现，"适性而教、适兴而学"，既适合这一阶段孩子的群体性特征，又适合每个孩子的个性发展。学校"新三适"课程的结构为"三层五类"，按能力水平分层，按学科领域分类，横向有拓展，纵向有延伸，全学段贯通，呈现"国家课程校本化、校本课程序列化、三级课程一体化"的特点，满足学生全面发展和个性化发展需要，让学生真正成为课程的主人。建立"适应性课程（着眼基础）——适融性课程（关注融合）——适变性课程（彰显特色）"三个课程层级，以"适应性"课程落实国家制度性的课程安排；以"适融性"课程拓展地方、校本的课程内容；以"适变性"课程创生跨学科、跨时空的全科整合。

涵盖了政治立场、文化传承、价值观塑造等方面的教育，旨在培养"赤诚""阳光""丰盈"的新时代社会主义建设者和接班人。

（二）以"新三适"课程体系为载体践行先锋理念

"新三适"课程是将国家课程、地方课程、校本课程进行整合建构的体系。在全面发展的基础上体现"适性而教""适兴而学"的特点，建立"适应性课程（着眼基础）——适融性课程（关注融合）——适变性课程（彰显特色）"三个课程层级，以"适应性课程"落实国家制度性的课程安排；以"适融性课程"拓展地方、校本的课程内容；以"适变性"课程创生跨学科、跨时空的全科整合。根据学科活动特点和核心素养的相关性，将学科课程统整划归为五类，即社会与品格类、语言与人文类、运动与实践类、数学与科学类、艺术与审美类。德智体美劳全面发展的要求在这一课程体系中得到落实，尤其强调新时代的特征，使学生的发展适应新时代的要求；强调因材施教，使课程的构建具有基础性、发展性和创新性的特点。"新三适"课程是先锋课程体系的核心，是培养学生德智体美劳全面发展的主要阵地。

（三）以"一脉""四季"课程凸显先锋特色

"一脉""四季"课程是"新三适"课程中"适变"层级的课程，即适应新时代社会发展的要求，结合学校办学特色与学生个性化发展的需求，设计的思政类特色课程。

根据中共中央办公厅、国务院办公厅印发的《关于深化新时代学校思想政治理论课改革创新的若干意见》，关于调整创新思政课课程体系的要求"加强以习近平新时代中国特色社会主义思想为核心内容的思政课课程群建设。在保持思政课必修课程设置相对稳定基础上，结合大中小学各学段特点构建形成必修课加选修课的课程体系"，其中对于小学、初中阶段提出了在开设道德与法治必修课程的基础上，"可结合校本课程、兴趣班开设思政类选修课程"。基于这一要求，成师附小华润分校开设了"一脉""四季"课程群，作为学校思政类课程的校本化特色课程，其以必修＋选修的形态呈现，将学校特色发展融入党建引领的思政课程体系中。

"一脉"课程，是学校特色的灵魂，即以时间为轴，血脉为根，坚定文化自信，开启寻梦之旅。一脉之基是坚持党对学校的全面领导，以党的思想和理论武装教师党员、影响辐射所有教师，引领教育教学行为。一脉之本是以德育为先，优化育人载体，将立德树人的具体目标融入思想道德教育、文化知识教育、社会实践教育各环节；将立德树人的具体要求融入教师、家长、学生各主体；将立德树人的具体实践融入学生的家庭生活、校园生活、社会生活各节点。将"一脉"转化为具体课程，则表现为以红色场馆（晞光馆）建设为核心，找准课程核心点，扩大课程资源，延伸课程覆盖面，全员参与、全面参与，分阶段、分重点地推进"一脉"课程的实施，开展红色教育。"一脉"课程由"红色记忆""薪火相传""昂扬旋律"三大板块构成，将道德与法治课、少先队活动课程、德育实践活动等具体的课程载体融入一脉课程的建构中。

"四季"课程，体现个人与家国的联系，这种联系既有物质基础，又有情感寄托，还包含着价值引领。"四季"即春之生、夏之长、秋之收、冬之藏，取自《鬼谷子·持枢·全篇》："持枢，谓春生、夏长、秋收、冬藏，天之正也，不可干而逆之。""四季课程"包括"四季与自然""四季与节庆""四季与科学""四季与文艺""四季与劳动"几大板块，用自然之道意蕴学生成长，用自然之名丰富学生认知，用自然之力锤炼学生品格。其使学生理解我们所生所长的这片土地，理解这片土地的文化、孕育的物产，以及在这片土地上生活的人民如何自强不息绵延发展。这是厚植家国情怀的课程载体。

"一脉"课程、"四季"课程是"新三适"课程体系凸显先锋特色的重要课程载体，构成了先锋课程体系的两翼，引领和助力学生的全面发展，凸显党建引领的课程体系建构的特点，用坚定理想信念、厚植家国情怀来保障学生发展的方向。在本书的第五、六章，将逐一对"新三适"课程、"一脉"课程、"四季"课程的实践探索进行阐述。

三、同向同行：党建引领先锋课程的"入心·践行"策略探索

先锋课程体系的实施，即转化为每一门课程的教学、每一堂课的教学。它们有自己独特的任务，又服务于一个总体的目标。要让这个目标具

有引领性，则需要坚持党对课程建设的领导，落实到成师附小华润分校的实践中，则表现为以党建引领先锋课程"入心""践行"地实施。唯有如此，先锋课程才具有真正的灵魂。"入心"强调先锋课程对学生的影响，不是"疾风骤雨"，而是"润物细无声"般地教化，潜移默化地实现对学生的政治立场、文化传承、价值观教育，进入师生内心、影响师生的行为。"润物无声"也是学校的办学理念，它既表现为人与社会的和谐，亦是教育艺术探寻的要义。"践行"强调知行合一，是课程理念、目标与结果的统一，亦表现为师生学习先锋、践行先锋精神的知行合一，最终表现为学生成长为能担负起中华民族伟大复兴重任的社会主义建设者和接班人。

"入心·践行"的策略即将先锋课程内含的精神力量转化为学生的情感认同和行为习惯的实施路径及方法。具体包括课程思政与思政课程的同向同行、少先队活动及校园文化活动课程化建设、红色场馆建设与开发、以党建引领教师队伍建设等几个方面的策略。

其一，建好思政课程的主阵地，发挥思政课程对于先锋课程的引领作用。习近平同志指出"思政课是落实立德树人根本任务的关键课程""学校是意识形态工作的前沿阵地，可不是一个象牙之塔，也不是一个桃花源。办好思政课，就是要开展马克思主义理论教育，用新时代中国特色社会主义思想铸魂育人，引导学生增强中国特色社会主义道路自信、理论自信、制度自信、文化自信，厚植爱国主义情怀，把爱国情、强国志、报国行自觉融入坚持和发展中国特色社会主义、建设社会主义现代化强国、实现中华民族伟大复兴的奋斗之中"[1]。习近平同志高度强调学校教育重视思政课程建设的重要性，这事关人才培养的方向，也是我们构建先锋课程的根本所在。思政课程在小学具体的课程形态是指道德与法治课程。在先锋课程体系中，它位于"新三适"课程的核心部分，是学校落实国家课程的重要方面。根据小学阶段思政课程是"重在启蒙道德情感，引导学生形成爱党、爱国、爱社会主义、爱人民、爱集体的情感，具有做

---

[1] 习近平. 思政课是落实立德树人根本任务的关键课程[J]. 求是，2021（17）：4—16.

社会主义建设者和接班人的美好愿望"的要求[1]，成师附小华润分校在先锋课程体系的实践策略中，特别强调发挥道德与法治课程对于整个"新三适"课程及"一脉""四季"课程的引领作用。其具体策略包括加强学校党组织对道德与法治课的领导，探索如何在小学课堂传播马克思主义科学理论、弘扬社会主义核心价值观，鲜明地体现党的教育方针；要建立一支思想素质过硬、专业素质过硬的思政教师队伍，通过党建引领教师队伍建设，引导全体教师思想素质的提升和思政教育能力的提升；要推动道德与法治课程教学的改革创新，通过探究式学习、问题引导式教学、体验式教学等方式，提升道德与法治课教学质量，使道德与法治课在学校中是一门具有价值引领性的、学生喜欢的、有真正育人成效的课程。

其二，强化课程思政的作用，使课程思政与思政课程同向同行。课程思政强调在所有课程中对学生进行思想政治教育，在教育方式方法上强调潜移默化。先锋课程体系以"新三适"课程为核心，就是强调"新三适"课程要全面渗透课程思政教育，从课程目标、课程内容、教学方式方法、评价等各个方面都体现出对学生的思想政治教育，并使其与道德与法治课程的目标同向同行。因此，在具体的策略上，我们开展了以道德与法治课及"新三适"课程协同进行的教研活动，从各门课程中分析思想政治教育的内容元素，进行课程开发，确保"新三适"课程在各个方面都与思政课程同向同行，落实"以德为先"的要求。

其三，以先锋课程统领少先队活动和各项校园文化活动。建校十余年来，成师附小华润分校一直都在扎实开展少先队活动，也形成了一系列校园文化活动。这些活动内容形式丰富，但还存在活动开展较为零散等问题，没有围绕一个目标进行系统化的设计。在先锋课程体系的构建中，就将少先队活动和校园文化活动进行了课程化的设计，通过课程化的设计确保了其服务于先锋课程的建设目标，使活动的指向性更为明确；同时，确保了课程实施的载体，保障了其能够高质量地进行建设和实施。

其四，加强红色场馆建设与教育功能的开发。红色场馆是中华民族的精神标识，是开展红色教育的重要形式。在学校建设红色场馆，更能发挥

---

[1] 中共中央办公厅、国务院办公厅印发《关于深化新时代学校思想政治理论课改革创新的若干意见》（2019 年 8 月）

其持续性久、辐射力强的教育影响。在先锋课程体系的建设中，成师附小华润分校开发建设了晞光馆和蜀景物趣自然博物馆。"晞光"二字取自汉乐府《长歌行》——"青青园中葵，朝露待日晞。阳春布德泽，万物生光辉。"晞光既指清晨的太阳，也象征着孩子们沐浴在党和祖国的关怀下快乐学习、健康成长。晞光馆由两室一廊组成，以红色历史为主线，凸显历史与现实、平凡与伟大、理想信念与行动在党的历史和中华民族复兴的历史中的交相辉映。蜀景物趣自然博物馆凸显人与自然的和谐关系，尤其是人与其所在的这片土地的关系，是厚植家国情怀的教育基地。这两个场馆的建设和教育功能的开发是先锋课程体系的重要组成部分，亦是"新三适"课程、"一脉"课程、"四季"课程教学的实践基地。

其五，以党建引领教师队伍建设。先锋课程的"入心"践行，最为关键的是教师的作用。因此学校构建了360度党建工作法来引领教师队伍建设。首先是强化教师队伍党组织的建设，通过对党组织的政治建设、思想建设、组织建设、作风建设、纪律建设，提升党员教师的思想觉悟、工作能力，并辐射带动其他教师提升自己。习近平同志对思政课教师提出了具体的要求，包括"政治要强""情怀要深""思维要新""视野要广""自律要严""人格要正"六个方面[1]。在先锋课程的建设中，这六个要求不仅仅是针对思政课教师，也包含了学校的全体教师。只有当教师真正理解了先锋课程的理念，做到了"入心"，才有可能在教育教学工作中"践行"，既成为学生学习的榜样，又成为引领学生发展的人。

本书以下各章，将逐一阐述这五项策略的具体落实与实践。

---

[1] 习近平 . 思政课是落实立德树人根本任务的关键课程 [J]. 求是，2021（17）：4—16.

第五章 以"新三适"为载体，
全面融入先锋理念

习近平总书记指出，要办好思想政治理论课，最根本的是要全面贯彻党的教育方针，解决好培养什么人、怎样培养人、为谁培养人这个根本问题。思想政治教育是学校德育的重要组成部分，它既是进行马克思主义、共产主义思想和社会主义核心价值观教育的主渠道，又是对学生进行理想、信念、世界观、人生观与价值观教育的重要途径与手段[1]。课程思政是新时代学校所面临的新课题，也是必须肩负的历史使命。从思政课程到课程思政的发展，不仅彰显着以习近平同志为核心的党中央对做好新时代校园思想政治教育工作的高度重视，也预示着今后学校思政教育模式创新发展的基本趋向[2]。根据《中共中央 国务院关于深化教育教学改革全面提高义务教育质量的意见》的要求，要"突出德育实效"。如果只重视学校的思政课程建设，难以真正实现以德育来引领学生的全面发展，因此，通过思政课程与课程思政的协同，强调所有课程的思政教育价值，这是突

---

[1] 何玉海.关于"课程思政"的本质内涵与实现路径的探索[J].思想理论教育导刊，2019（10）：130—134.

[2] 胡洪彬.课程思政：从理论基础到制度构建[J].重庆高教研究，2019（1）：112—113.

出德育实效的重要途径。只有将二者有效结合起来，才能实现以课程为核心全面推进学生思想政治素质的提升。

一、学校"新三适"特色课程体系建设的反思与重构思路

"新三适"课程是先锋课程的核心部分，是落实课程思政的主要载体。成师附小华润分校从建校以来，就在逐步构建学校的特色课程体系。其发展经历了建校初期的主抓学校特色、开发校本课程，到发展中后期的整合资源、构建特色课程体系，到目前进入第三个阶段。第三阶段，我们立足新时代教育的使命，分析义务教育在提高全民族素质方面应承担的基础性责任，聚焦到学校的育人目标，确立了以党建来引领学校课程体系建设的思路。具体而言，着眼于学生五育并举、以德为先的发展要求，明确学校原有的"新三适"特色课程体系的发展方向。2018年全国教育大会开展以来，学校进一步加强基层党建对学校教育工作的领导。但在以党建全面引领学校工作的实践过程中，发现"新三适"课程在学科课程中虽然已形成了以国家课程为基础，既注重学生全面发展，又关注个性化发展需求的特色，但是在对学生进行思想政治教育方面确实还需要强化，尤其是要探索如何提高思政课程的质量，以及在三个层面的各学科课程、融合课程中，全面渗透思想政治教育。如果只将思想政治教育置于思政课程中，那么对学生的德育就缺少了有力的支撑，德育实效明显不足。

因此，学校确立了以党建引领先锋课程体系建设来统领"新三适"课程以及其他类型的活动课程、特色课程的思路，更加明确各类课程在促进学生思想政治素质、思想道德素质方面的作用。对于"新三适"课程的建设而言，就是发挥其在先锋课程中的核心作用，全面、高质量地融入课程思政元素，重构以德育为先的"新三适"课程。

推进"新三适"课程融入课程思政的过程中，作为管理主体和实施主体的学校和教师必须正确把握课程思政与思政课程的关系，使二者充分发展，形成协同合力，真正落实五育并举中以德为先的要求。在充分认识"新三适"课程与思政课程的差异性的基础上，探索两类课程的兼容性，找准切入点，因势利导、因材施教，突出课程的"思政"育人能力，真正与思政课程形成协同效应，实现"三适"育人。

二、先锋理念融入"新三适"特色课程体系的目标与结构

基于新时代的教育使命和育人目标，"新三适"课程以基础性、多样性、开放性为原则，按照"培养德智体美劳全面发展的社会主义建设者和接班人"的要求，构建具有鲜明时代特点、彰显学校特色的课程体系。

"培养社会主义建设者和接班人"是课程建设的出发点和归宿。"新三适"课程围绕着学校"赤诚、阳光、丰盈"的师生发展目标，从顶层文化设计入手，关注学生必备品格和关键能力的培养，为学生带来持续一生的、积极的、全面的、适切的、生动活泼的教育影响，让每一个孩子充分发展自己的潜能素质，真正享有公平而有质量的教育，成为社会主义的建设者和接班人。

"新三适"课程提倡"适性而教、适兴而学"，既适合该阶段学生的群体性特征，又适合每位儿童的个性化发展。课程的内容结构为"三层五类"（图5-1），按能力水平分层，按学科领域分类，横向有拓展，纵向有延伸，全学段贯通，呈现"国家课程校本化、校本课程序列化、三级课程

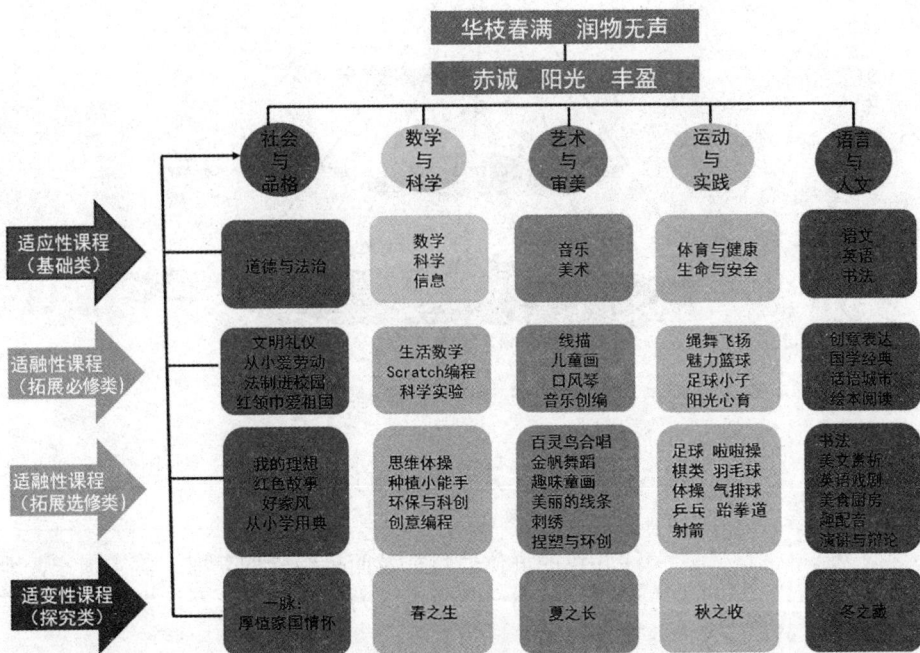

图5-1　"新三适"课程内容建设图

一体化"的特点，满足学生全面发展和个性化发展需要，让学生真正成为课程的主人。

以先锋课程体系统领"新三适"课程的改革，就是要在课程内容上强化课程思政的价值和地位，在课程结构上，凸显思政课程对其他课程的引领作用。具体而言，从课程的结构体系来看"新三适"课程建立了"适应性课程（着眼基础）——适融性课程（关注融合）——适变性课程（彰显特色）"三个课程层级（图5-2）。以"适应性"课程落实国家制度性的课程安排，不断提升道德与法治课程的质量；以"适融性"课程拓展地方、校本的课程内容，挖掘课程中的思政元素，凸显思政元素与课程内容的融合；以"适变性"课程创生跨学科、跨时空的全科整合，强调"五育融合"的思路，探索五育融合促进学生思想政治素质、思想道德素质发展的实践路径。根据学科活动特点和核心素养的相关性，将学科课程统整划归为五类，即社会与品格类、语言与人文类、运动与实践类、数学与科学类、艺术与审美类。

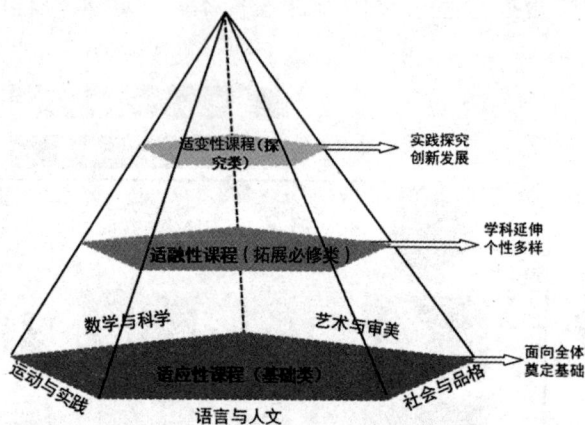

图 5-2 "新三适"课程结构示意图

表 5-1 "新三适"课程的三个层级

"适应性"课程	着眼基础	关注儿童的群体性特征及间接经验的获取。落实国家、地方课程，面向全体学生，为德智体美劳全面发展的人的培养奠定基础。

续表

"适融性"课程	关注融合	关注儿童的个性特征及间接经验的获取。通过国家课程、地方课程的校本化开发，对知识进行整合，形成可供儿童选择的内容。
"适变性"课程	彰显特色	关注社会发展与儿童特征。以问题为驱动，以作品为导向，将间接经验与直接经验相结合，培养学生的实践、探究和创新能力。

表5-2　"新三适"课程的五个类别

类　别	内　涵	适应性课程	适融性课程	适变性课程
社会与品格	能处理好自我与社会的关系，养成现代公民所必须遵守和履行的道德准则和行为规范，具备中华民族的传统美德，坚定理想信念，厚植家国情怀，敢于担当。	道德与法治	文明礼仪 从小爱劳动 法制进校园 红领巾爱祖国 我的理想 红色故事 好家风 从小学用典	一脉——厚植家国情怀
语言与人文	掌握和运用人类优秀的语言文化成果，涵养内在精神，具备宽厚的文化基础。	语文 英语 书法	创意表达 国学经典 话语城市 绘本阅读 书法 美文赏析 英语戏剧 美食厨房 趣配音 演讲与辩论	"四季"课程

续表

类 别	内 涵	适应性课程	适融性课程	适变性课程
运动与实践	参与体育活动，掌握运动技能，具备劳动意识和一定的劳动技能，能运用所学解决实践中的问题。	体育与健康生命与安全	绳舞飞扬 魅力篮球 足球小子 阳光心育 足球 啦啦操 棋类 羽毛球 体操 气排球 乒乓 跆拳道 射箭	"四季"课程
数学与科学	崇尚真知，能理解和掌握基本的科学原理和方法，具有问题意识、一定的运用新技术的能力、坚持不懈的探索精神。	数学科学信息	生活数学 scratch编程 科学实验 思维体操 种植小能手 环保与科创 创意编程	"四季"课程
艺术与审美	具有艺术知识、技能和方法的积累，具有发现、感知、欣赏、评价美的意识和基本能力，具有健康的审美价值取向。	音乐美术	线描 儿童画 口风琴 音乐创编 百灵鸟合唱 金帆舞蹈 趣味童画 美丽的线条 刺绣 捏塑与环创	"四季"课程

三、党建引领"新三适"课程建设的基本路径

先锋课程是在党建的引领下，以"党的理想与追求一脉相承、代代相

传"为导向，以"从小学先锋、长大做先锋，努力成长为能够担当民族复兴大任的时代新人"[1]为目标，以政治立场、文化传承、价值观教育等为主要内容，以"思政课程与课程思政"为路径的课程体系。根据《少先队活动课程指导纲要（试行）》的要求，少先队活动在组织安排过程中要做到以下几个要点：首先，要每学期分年级制订课程计划、学期计划和实施方案，做到课程计划安排合理；其次，要根据国内外重大事件及时调整课程内容，做到课程内容与时俱进；再次，要与各类少先队品牌活动相结合，将红领巾心向党、民族精神代代传、手拉手等品牌活动充实到活动课程，以活动课为抓手深入开展红领巾相约中国梦主题教育活动；最后，要注重实践，突出地方或者学校特色，将不同的地方文化和学校文化有机融入区本或者校本活动课程中去[2]。因此，"新三适"课程建设应当遵循先锋课程的要求，具体表现为以下几点。

（一）"新三适"课程目标应当符合先锋课程的培养目标

在实现国家"两个一百年"奋斗目标和中华民族伟大复兴中国梦的背景下，学校认真梳理新时代教育发展的使命与特征，结合学校的特色与定位，进一步思考党建引领下的新时代学校育人体系的建设与完善，通过"一脉双引三联四新五带头"的具体策略，全面贯彻党的教育方针，落实立德树人的根本任务。这里的"一脉"便是强调传承中华民族的优秀文化传统，传承党的红色基因，需要渗透于育人活动中。其具体表现为"一脉""四季"课程，是"新三适"课程中的"适变性"课程，在先锋课程体系建设中，又进一步深化为"新三适"课程的重要两翼，是结合学校与地方特色，对国家课程中道德与法治课程的进一步拓展与延伸，属于思政课程的范畴，是引领其他课程开展课程思政的源泉。

具体而言，"一脉"课程围绕学校核心办学理念，华枝春满，润物无声，在新时代发展的背景下，深化立德树人，培养新时代好少年。以社会主义核心价值观发展为基础，培育具有家国情怀的新时代好少年，拥有赤

[1] 习近平.致中国少年先锋队建队70周年贺信[DB/OL].http：//www.gov.cn/xinwen/2019-10/13/content_5439064.htm，2019-10-13.
[2] 少先队活动课程指导纲要[EB/OL].http：//zgsxd.k618.cn/zyb/201801/t20180105_14912646.html，2015-09-22.

诚之心，爱校、爱家、爱国，成为新时代下的社会主义建设者和接班人。以正确的政治方向和价值导向，为学生强固基本、打好中国底色，厚植红色基因，培养具有中国心、中国情、中国味的时代新人。

"四季"课程领悟中华文化的博大精深，厚植家国情怀的感性基础，激励学生珍惜幸福时光，立志报效祖国、振兴中华；提高学生科学素养和人文素养，习得尚和合文化，培养亲自然的感情和亲社会情感，持续积极投入生态文明建设；认识节气的劳动价值和社会价值，认识美好生活的意义，热爱劳动、热爱生活，追求科学、文明、健康的生活方式。对于"一脉""四季"课程的建设路径与策略，将在本书第六章进行具体呈现。

（二）三个层次、五个领域全面融入课程思政

根据课程基本原理，课程是教育教学的介质，教师和学生是课程运作者，思想政治教育就是课程传递、建构与内化的活动与过程，是师生间对话、沟通、交往的活动与过程。"新三适"课程在融入课程思政的过程中，根据课程论的基本原理，从课程类型出发，既考虑发挥显性课程的作用，又强调发挥整个隐性课程的作用。从课程教学的主体思考，既要提倡课程民主，发挥学生的主观能动性，又强调教师的全员参与。从课程内容出发，要深入挖掘课程思政的资源，在三个层次、五个领域中进行思想政治教育内容元素、内容资源的建设，探索具体的教学策略。

1. 增强全体教师的思政意识与能力

教育主体的主观认识对教育过程和教育结果具有指导和调节作用，理念创新是实践创新的内在先导。教师在教育活动中的引领、影响作用不容忽视。因此，在开展课程思政的过程中，最重要的课程思政的路径就是教师本身的示范效应。教师的理想信念、爱国主义精神、家国情怀都体现在他教育教学活动的一言一行中，这是最核心的课程思政路径。因此，要提升教师的思政能力，推动"新三适"课程广泛实践课程思政，首先就要增强学校教师的思政意识，通过党内政治生活和思想政治理论学习等形式，让广大教师，尤其是党员教师不断提高自身思想政治理论水平，进而充分认识到自己所肩负的教育使命，主动加强思想政治教育方法论的研究，有意识地在课堂上弘扬社会主义核心价值观，激发学生的爱国情怀和民族自豪感，让课程思政真正成为教师的思想自觉和行动自觉。自觉在教书育人

过程中始终坚定政治立场，坚守政治规矩，在思想上、政治上、行动上与以习近平同志为核心的党中央保持高度一致，不断增强政治敏锐性和鉴别力，在教育教学过程中时刻保持政治定力，旗帜鲜明讲政治，旗帜鲜明地宣传党的理论、路线、方针和政策。

教师应不断提高自身的思想政治素质，这是实施"课程思政"的先决条件，教师只有熟练掌握马克思主义基本原理和中国特色社会主义理论，衷心拥护中国共产党的领导，认同社会主义道路，热爱党的教育事业，才能坚定社会主义办学方向，坚守社会主义意识形态主阵地[1]。其次，教师还应提升道德品质和人文素养，积极践行"四有"好老师标准，努力成为社会主义核心价值观的践行者和先进文化的传播者[2]，坚持"四个相统一"，党员教师带头，群众教师紧跟，从"五带头"切入，建设新时代教师队伍，以正确的政治方向和价值导向，教育学生强固基本，打好中国底色、植红色基因，成为具有中国心、中国情、中国味的时代新人。成师附小华润分校通过360度全方位开展党建工作，着力打造一支理想信念坚定、思想政治素质高的教师队伍，在本书第八章将具体阐述党建工作的思路与方法。

2. 加强"新三适"课程的思政制度建设

结合成师附小华润分校实际情况，紧紧围绕落实立德树人根本任务，"新三适"课程从领导体制、实施机制和评价机制三个方面加强制度建设，做好顶层设计。当前学校治理活动呈现出主体多元化的特点，不只教育管理部门和学校领导是学校治理的主体，还有教师、家长、社会企业行业、社区等主体也是学校治理活动中不可或缺的力量。要将这些多元化的治理主体整合起来，朝向共同的学校治理目标，就必须强化党建引领，发挥党组织的作用，切实统筹这些多元主体的治理行动，共同促进学校发展和学生的成长[3]。

---

[1] 刘清生.新时代高校教师"课程思政"能力的理性审视[J].江苏高教，2018（12）.

[2] 刘欣."课程思政"的内在价值与实践路径研究[J].郑州轻工业学院学报（社会科学版），2018（6）.

[3] 沈胜林.党建引领学校教育治理现代化的理论思考与实践策略[J].黄冈师范学院学报，2021，41（02）：16—21.

其次要建立健全队伍建设、经费投入、成果应用等配套制度。将课程思政的理念体现在"新三适"课程的培养目标制定、主题活动选择、考核评价等各个环节。在教材引进和教育教学活动中把好政治关，强化党的领导，严把政治关口；通过实施教师党支部书记党建、学术"双带头人"培育工程等方式，充分发挥教师党支部的战斗堡垒作用和党员教师的先锋模范作用。

三是要建立考核评价机制。将课程思政列入基层党组织书记抓党建述职评议考核内容和专业教师师德师风和教学绩效考核内容，将传统以知识为重的考评方式转化为知识和育人效果兼顾的综合考评机制，发挥制度"指挥棒"和"助推器"作用。同时，建立督导反馈机制，实施专业听课和调研坐诊制，跟踪"新三适"课程思政融入情况，及时反馈，改进提高，形成整体效应和长效机制[1]。

3. 丰富"新三适"课程的思政内容

要强化"新三适"课程的思政功能，就必须丰富教学内容，将思政的理念和要素融入特色活动中，明确体现思想政治引领，涵盖中国特色社会主义理论、社会主义核心价值观、中华优秀传统文化和中华传统美德等内容，为"新三适"课程推进课程思政提供素材支撑和价值引领。

《中华人民共和国教育法（2021年修订版）》第七条明确规定"教育应当继承和弘扬中华优秀传统文化、革命文化、社会主义先进文化，吸收人类文明发展的一切优秀成果"。这是我们在挖掘"新三适"思想课程和课程思政内容的方向指南。尤其是对于中华优秀传统文化、革命文化，我们进行了仔细分析，选择了适宜于小学生思想发展特点的内容将其融入课程设计。

具体内容如下：

一是在适应性课程中，进一步强化红色文化教育。学校结合党建特色场馆（晞光馆）的资源，组织教师对道德与法治课程内容进行分析，建设围绕道德与法治课程相关内容的红色文化教育视频资源库、故事资源库、人物资源库。在道德与法治课程中，结合教材内容，充分运用课程资

---

[1] 赵鸣歧. 高校专业类课程推进"课程思政"建设的基本原则、任务与标准[J]. 思想政治课研究，2018（5）.

源库的素材，创设情境、激发学生的情感体验，提升道德与法治课教学的效果。

二是在适变性课程和适融性课程中，结合学校特色，开发学校特色的校本思政课程。这一类课程的载体主要是少先队活动课程、"一脉"课程和"四季"课程；同时将道德与法治课程中一些拓展内容进行再度开发，形成学校特色的思政课程。例如，在建党百年的重要历史时刻，学校开发了红色记忆系列特色课程，以五大精神为核心，追溯英雄的事迹和精神。包括"谦虚谨慎、戒骄戒躁、艰苦奋斗"的西柏坡精神，"改变作风、艰苦奋斗"的延安精神，"军民团结、艰苦奋斗"的井冈山精神，"不怕艰难险恶"的长征精神以及红船精神。学习英雄人物，了解历史事件，通过对历史的回眸，传承红色血脉，爱国爱家。以四川省红色小脚印32景点为主要线索，实施政治启蒙教育。教学依据《红色小脚印研学指导手册》，包含以下几个主要内容：雪山草地，体验长征丰碑；伟人故里，感受伟人风采；巴山诺水，守望川陕苏区；抗震救灾，见证大爱无疆；重走史迪威公路，铭记抗战历史。该课程使学生在研学的过程中，身临其境地感受了革命时期中国共产党带领人民群众艰辛而伟大的奋斗历程，在分享、交流与探究的过程中，又进一步深化了情感和认识。四川地区的红色文化历史资源丰富，是学校开发特色思政课程的重要基础。

三是在适应性课程、适变性课程的学科课程中，挖掘思政元素，全面开展课程思政，使思政课程与课程思政的教育力量同向同行。适应性课程中的学科课程，需要扩大课程思政的维度，系统地对学科课程中的思政教学资源进行开发和设计，并建成相关课程资源库，使课程思政内容更为丰富。

四是以学校教育为主阵地，协同社会教育的力量，拓展思政课程与课程思政的活动形式。围绕一核四维的发展路径，即以学生发展为核心，学校整合家庭、社区、企业三方面的社会资源，形成的教育共同体，来积极争取家庭、社区、企业的共同参与。通过家校互动，学习红色文化；通过社区联动，开展红色活动；可以借助家长开放日、家长会等家校沟通渠道，进行宣传，家长和孩子共同学习革命精神，开展亲子红色阅读活动，邀请老红军、老战士等到学校进行讲解。孩子们走进社区开展少先队活动，如红色朗诵、我爱祖国书画展、志愿服务活动等。通过企业共建，拓展党建时空，如与中国移动、工行等开展党建共建，建立多方联动机制。

（三）丰富"新三适"学生评价机制

中共中央、国务院在《关于深化教育教学改革全面提高义务教育质量的意见》中强调，坚持以习近平新时代中国特色社会主义思想为指导，全面贯彻党的教育方针，落实立德树人根本任务，遵循教育规律，发展素质教育，培养德智体美劳全面发展的社会主义建设者和接班人。因此，本校在学生评价中立足于"五育"并举，引导学生通过主动参与道德、劳动、艺术、体育、智育，培养健全的人格和良好的品行，促进全面健康发展。本着学校培养"赤诚、阳光、丰盈"的学生的目标，推行"五星好孩子"与"晞光少年"的评选方案。

1. "五星好孩子"评价方案

"五星好孩子"包括"劳动之星、学习之星、体育之星、品格之星、艺术之星"五个维度，力求从各方各面对学生进行全面评价。根据评价标准进行自评、同学评、家长评、教师评，满分100分。各项分值将由班主任和家长代表合计，根据总分择优确定，"五星好孩子"的比例应当占班级人数的60%（基础评定）。

"五星好孩子"各项评价标准如下：

"劳动之星"的评价标准为劳动修养（5分）、生活实践（10分）和职业体验（5分）三方面，满分20分。该标准旨在培养学生具备劳动意识和一定的劳动技能，并能运用所学解决实践中的问题。

"学习之星"的评价标准由学习动力（5分）、学习习惯（5分）、学习能力（5分）、学业水平（5分）四部分构成，满分20分。崇尚真知，能理解和掌握基本的科学原理和方法，具有问题意识、一定的运用新技术的能力、坚持不懈的探索精神。

"体育之星"的评价标准为身体素质（10分）、心理健康（5分）、健康生活（5分）三部分，满分20分。该标准旨在培养学生参与体育活动，掌握运动技能。

"品格之星"的评价标准为理想信念（10分）、公民素养（5分）、行为习惯（5分）三部分，满分20分。强调学生具备处理好自我与社会关系的能力，养成现代公民所必须遵守和履行的道德准则和行为规范，具备中华民族的传统美德,坚定理想信念,厚植家国情怀,敢于担当。

"艺术之星"的评价标准为审美情趣(5分)、艺术表现(10分)、爱好特长(5分),满分20分。该标准强调学生应有相应的艺术知识、技能和方法的积累,具有发现、感知、欣赏、评价美的意识和基本能力,具有健康的审美价值取向。

2."晞光少年"评价方案

"晞光少年"根据学校"赤诚、阳光、丰盈"的学生发展目标来确定指标体系,各班根据评价标准进行学生自评、同学评、家长评、教师评,满分100分。由班主任、家长代表将各项分值合计,根据总分择优确定,"晞光少年"符合其中一项的单项占比例的30%(择优评定,包括阳光少年、丰盈少年、赤诚少年),"晞光少年"三项符合的评选比例占10%(全能优秀评定)。

"晞光少年"各项评价标准如下:

赤诚:热爱祖国(20分)、热爱家乡(10分)、责任担当(10分),满分40分。该项标准强调以爱国的社会主义核心价值观发展为基础,培养具有家国情怀的新时代好少年。

阳光:身心健康(10分)、良好习惯(10分)、艺术审美(10分),满分30分。"阳光"强调学生应具备健康的身体条件和积极的心理品质;具有良好的生活习惯,争做遵纪守法小公民;有健康的审美观,能够展示出良好的艺术能力。

丰盈:基础知识(10分)、思维品质(10分)、实践探索(10分),满分30分。该项标准强调学生应具有积极的学习态度和学习习惯;能运用科学的思维方式认识事物、解决问题、指导行为;掌握一定的劳动技能,并能解决生活中的问题。

四、先锋理念引领"新三适"课程改革的课例分析

（一）课例一：学党史，知爱国（学校特色思政课程）

"学党史，知爱国"之党的来信

成都师范附属小学华润分校　王　捷

一、活动背景

民族精神教育和理想信念教育是学校德育工作的重要组成部分，引导学生继承革命先辈的光荣传统，树立报效祖国的宏伟志愿，是时代赋予我们每一位教师的历史使命。2021年正值中国共产党建党100周年，引导学生了解中国共产党的历史，讴歌、颂扬中国共产党的丰功伟绩，对学生进行爱党、爱祖国、爱社会主义的教育，让学生在参与和体验中做一个爱党爱国、有责任的人。

二、学情分析

四年级的小学生，正是个人三观形成的重要时期，也有许多孩子存在自私自利，没有集体意识、团结意识的情况。就需要老师拿历史育当今，在孩子们心中种下一颗爱国爱党、团结奉献的种子。

三、教学目标

1. 引导学生了解中华人民共和国成立前28年浴血奋战，和战"疫"背景下，我党始终为人民服务的宗旨，革命战士有着坚定的信仰。

2. 在学生心中播下团结奉献，有国才有家，有集体才有个人的意识种子，并以此去影响学生的生活与学习，展望未来。

四、教学重难点

教学重点：了解革命战士背后的坚定信仰，并以此来影响学生的生活实际。

教学难点：层层递进地让学生对这种坚定信仰，有更深刻的感知。

五、教学过程及方法

党史对学生来说，还是属于较为陌生的内容，但其中的精神内涵又是非常丰富，值得我们去挖掘，以此来指导学生的学习及生活。如何把这些离学生生活较远的内容，让学生真的了解、接受、感动，并内化下来，是我一直在思考的。

为达到以上目的，本次活动我创设了一个"调皮"学生的情境，他没有集体观念，斤斤计较，这也是学生在实际生活中会出现的问题。但有一天这个学生突然改

变了，因为他收到了一封神奇的信，这封信其实就是党的来信，并以这封信作为线索，串联起整个课堂。让学生在一页一页地翻信件、解密的过程中，从心里去感知，去学习党史。同时，又通过信的内容，来传递党史精神，在不知不觉中浸润学生的心灵，再落到学生的日常生活中来，我们要以党史来引领现实生活，像视频中改变的那个学生一样，要懂得付出，具有集体意识。

最后，再把"中国共产党"和学生"少先队员"这个身份联系起来，让学生感知，作为少先队员，我们应该传承党的精神信念，少先队员和党是心连心的，在此情感的激发上，请学生给我们党写一封简短的回信（以信明志）。

具体内容分为三大板块，六个环节进行。具体如下：

（一）史·回首过去

1. 创设情境

班会开始，老师通过一个小故事进行情境创设（2段视频）。具体内容：一个比较自私自我的小朋友，没有集体意识，总是自己的事情让别人做，班级的事情高高挂起，没有责任心，多方帮助都没有效果。突然有一天他开始有了转变，变得非常有集体意识、有责任感、爱帮助同学。原因就是收到了一封神秘的信。

通过情境创设，让学生产生课堂兴趣，想要了解究竟是一封怎样的信给这个小朋友带来改变。同时这也是学生身边有的例子，需要他们去解决的问题。

2. 读革命书信

①翻开信的第一页：一张人民英雄纪念碑的图片＋几个数字（28、1949、2100万、160万）

请学生来猜测，这页信的意思是什么。

在学生无法解密每个数字时，继续往下翻开信的第二页，这是一页空白页，其实这是中共党员陈毅安的无字书。

②第二页：无字书（陈毅安的故事）

故事内容：陈毅安上战场前曾与妻子约定，如果有一天自己牺牲了，寄回的家书将会是一封无字书。1930年的一天，他的妻子真的收到了一封没有字的书信，伤心欲绝，不

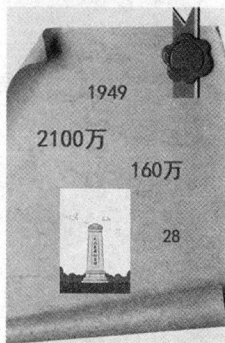

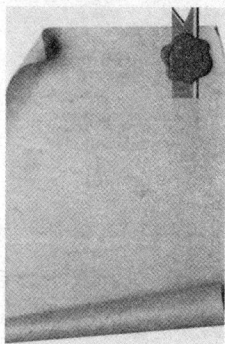

敢相信。妻子托人把信件拿到大城市的照相馆去冲洗，想看看信的背面会不会显现出字来。可惜，没有。1937年，陈毅安的妻子仍不死心，寄了封信到陈毅安所在部队，问他的情况。她得到彭德怀的亲笔回信，陈毅安已于年前牺牲了。陈毅安的妻子终身未再嫁。

③第三页：傅烈的"绝命书"

书信内容："我这次牺牲并不出乎意外，父亲不必过于悲伤，还可以再讨一个或继承一个，你就当作没有生我这样一个孩子，只有这样想法。我自问没有什么对不起家庭的地方，但是使你现在十分悲伤。我并不悲伤，若干年后，你一定会理解的。"

傅烈：四川省委第一任书记，28岁牺牲。

④第四页：王尔琢的"托孤书"

书信内容："儿何尝不想念着骨肉的团聚，儿何尝不眷恋着家庭的亲密……为了让千千万万的母亲和孩子能过上好日子，为了让白发苍苍的老人皆可享乐天年，儿已决意以身许国！革命不成功，立誓不回家。凤翠娘家父母双亡，望大人善待儿媳，见凤翠如见儿一般。"

王尔琢：22岁牺牲，和女儿一面都没有见过。

⑤第五页：夏明翰的"就义书"

他就义之前，敌人军官问他还有没有什么话说，以为他要自首。结果，他写了一首就义诗："砍头不要紧，只要主义真，杀了夏明翰，还有后来人！"

夏明翰28岁牺牲后，他的弟弟夏明震、妹妹夏明衡、弟弟夏明霹、外甥邬依庄也先后为革命献出了年轻的生命。

呈现形式：陈毅安的"无字书"由老师播放相关视频，其他几位烈士的故事布置为前置作业，分小组查资料完成。这样的设计，通过老师渲染，以及学生亲自去查资料、讲故事，更能触动学生的心灵。让学生明白这些革命烈士和我们都一样，有父母、甚至有儿女，都有很多牵挂和情感，是有血有肉有泪的人，但他们仍然选择放下自己的小爱，来成就人民、国家的大爱，因为他们心中有信念：有国才有家，有集体才有个人。

3. 知革命牺牲

介绍 28 年的浴血奋战，有无数烈士牺牲了，却连名字也没有留给世人。具体介绍上海龙华烈士陵园的无名烈士墓，官方统计的为了建立新中国，全国有 2100 多万革命者捐躯，记录在册的烈士只有 160 多万，其中有无数的共产党员，倒在血与火之中。

让学生进一步体会烈士们的伟大及其坚定的信念，进而解锁信的第一页的密码。

即 28——中华人民共和国成立前党带领我们浴血奋战的 28 年；

2100 万——牺牲的革命者人数；

160 万——记录在册的烈士人数。

这背后，都是无数革命者坚定的信念，才迎来了 1949 年我们中华人民共和国的建立！

接着，播放习近平总书记亲口讲述的 28 年浴血奋战的历史视频，升华孩子们的认知。

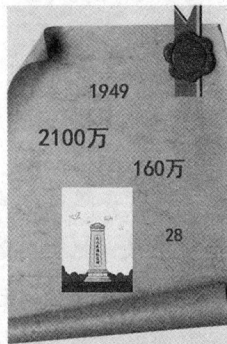

（二）今·聚焦当下

1. 赞抗战人物

通过提问"我们党心中有人民，先烈们有国才有家，有集体才有个人的信念，现在还存在吗"引出当今的战"疫"，并且通过赞美抗疫人物钟南山院士、张定宇院长等，了解他们背后继承的革命先烈的坚定信念。

2. 叹中国力量

将人物扩大到抗击疫情中无数的奉献者，大家在党的带领下，凝聚了中国力量，控制住了疫情。我国确诊人数由世界第一名，一直降到现在的第 × × 名。（这个数据会用动图的形式展现）

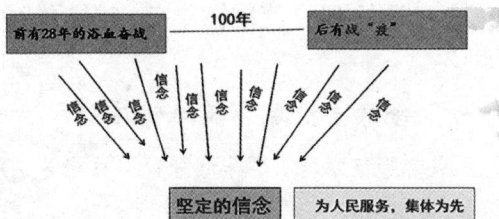

从 28 年前的浴血奋战，延伸到现在的抗疫，100 年，我们党、我们革命者的初心不变，心里有着坚定的信念：有国才有家，有集体才有个人。这种无数坚定的信念沉淀成了一种信仰：为人民服务、集体为先。通过这样层层递进的设计，学生更能感受到信背后的信念，信念沉淀的信仰，更能感受到革命者的精神。

（三）未·指引未来

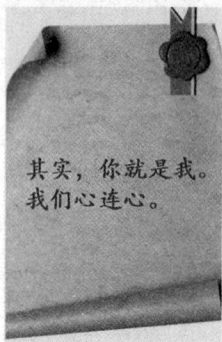

1. 回信展望

请学生翻到这封神秘信的最后一页，只有几个字："其实，你就是我，我们心连心。"

让学生把革命者和自己联系起来，把少先队员这个身份和我们党联系起来，明白自己应该传承这样的信念。并结合自身情况，写下简单的回信，两三句即可。回信内容为：自己在学习生活中，如何以实际行动来传承这种信仰。

2. 歌唱传承

通过齐唱《中国少年先锋队队歌》，加深自己的责任感和身份认同感。通过最后展望未来，把主角落到学生身上，从而让他们学习着用为人民服务、集体为先的信念去影响生活中自己的行为，去纠正个别孩子没有集体责任感，没有担当，比较自私的问题。

六、板书设计

中国共产党　　少先队员

将学生的回信贴于此处

信 —→ 信念 —→ 信仰

（二）课例二：舍身堵枪眼　英雄铸丰碑（学校特色思政课程）

舍身堵枪眼　英雄铸丰碑

成都师范附属小学华润分校　林晓芳

一、缘起

不忘初心跟党走，牢记使命听党话！

习近平：我们党历来重视党史学习教育，注重用党的奋斗历程和伟大成就鼓舞斗志、明确方向，用党的光荣传统和优良作风坚定信念、凝聚力量，用党的实践创造和历史经验启迪智慧、砥砺品格。

以史为鉴，可以知兴替。学习党的百年历史，是传承红色基因，听党话跟党走，做新时代好少年的必然要求。

课堂内外，是充分发挥好榜样的力量，是启发和教导学生成为具有伟大的革命品格的新时代好少年的阵地，是厚植爱党爱国爱社会主义情感、有效开展党史学习的有效途径。

语文教材中有大量文质兼美的经典文章。这些独有的德育教学资源，如何充分发挥其立德树人的优势呢？为此，我们深度解读语文教材，精准挖掘教材中的革命故事，根据社会主义核心价值观，进行分门别类，据此开展课例实践研究。通过精彩纷呈的课堂内外，用一个个动人的革命故事、一个个舍生取义的革命英雄，在少年学子的心中播下鲜明的红色火种。

二、行动

项目式三联动，互联网拓时空。

黄继光，1952年10月，在空前惨烈的上甘岭战役中，为了祖国和人民，舍身堵枪眼！他用生命书写信仰，用鲜血捍卫祖国！他是永远的丰碑！在百年党史教育中，怎样让同学们牢记这位英雄，植根这位特级英雄的崇高品德和伟大情怀，我们开展了项目式三联动（课前、课中、课后联动）综合实践探究活动。具体做法如下：

（一）深度解读教材，精准锁定目标，深度开发资源

《黄继光》是部编教材四年级下册第七单元，以"人物品质"为主题，按照事情发展的顺序，记叙了抗美援朝"特级英雄"黄继光在上甘岭战役中为夺下597.9高地，用自己的胸膛堵住了敌人的枪口，为夺取战斗的胜利英勇牺牲的故事；展现了黄继光气吞山河、视死如归的英雄气概。

怎样以此文为例，广泛而深入地播撒红色火种、传承红色精神？经过反复研究，我们确定了项目式三联动深度参与"舍身堵枪眼　英雄铸丰碑"主题综合学习活动。通过此项目，让黄继光的红色精神激励学生奋发图强、振兴中华，成为新时代的好少年！

此项目由三个子任务组成：

任务一：课前，横跨媒介链接，了解革命历史，根植红色精神。

任务二：课中，品读英雄故事，慧识英雄本色，感悟红色精神。

任务三：课后，致敬英雄人物，弘扬爱国精神，传承红色精神。

（二）深入实施项目，理解英雄本色，感悟红色精神

1.课前：横跨媒介链接，了解历史背景，根植红色基因。

（1）历史不能忘却！

抗美援朝的历史离学生生活较远，学生靠文本的阅读，对历史的理解会存在一定的困难。在课前预习环节充分利用互联网时代的科学技术，以学习小组为单位，分工协作，跨媒介链接了与《黄继光》课文密切相关的历史背景资料，助力学生深刻理解黄继光的英勇事迹。主要搜集了以下三类：

第一，电影类：有关抗美援朝的影片《上甘岭》《英雄儿女》《集结号》……

第二，歌曲类：有关抗美援朝的歌曲《志愿军战歌》《我的祖国》《英雄赞歌》……

第三，文字类：有关抗美援朝的名篇佳作《再见了，亲人》《谁是最可爱的人》《滴血的青春》……

（2）历史必须牢记！

遵循紧密联系课文内容理解人物形象的原则，师生共同筛选出三个重点课外链接，并确定同时共享，这三个活动深刻地留在了学生的记忆中。

第一，观看电影《上甘岭》。上甘岭战役是朝鲜战争中最惨烈的战役之一，持续42天，中国人民志愿军以巨大的牺牲取得了胜利。《上甘岭》电影据此改编，影片中的杨德才正是以朝鲜战争特级战斗英雄黄继光为原型。学生在观看的时候，已经完全身临其境了。

第二，合唱歌曲《我的祖国》。在音乐老师的支持下，这首《上甘岭》电影的主题歌，学生唱出了志愿军战士对家乡的无限热爱和英雄主义的气概。校园内外，不时能听到学生轻轻的哼唱，不少学生分享了全家合唱此歌的视频，一个学生带动了一个家庭。

第三，齐诵课文《再见了，亲人》。学生在朗诵中深切地体会志愿军与朝鲜人民用鲜血凝成的不是亲人胜似亲人的深厚情谊。

2.课中：品读英雄故事，慧识英雄本色，感悟爱的力量。

听其言，观其行，知其品。在有了课前铺垫后，课堂上，我们以"任务受阻时，黄继光怎么说的，怎么做的，你从中感受到他的怎样的品质"这几个问题为导向，激发学生通过黄继光的语言、动作，去感受黄继光的英雄形象。

（1）反复品读，读出黄继光坚定不移的决心，读出黄继光慷慨牺牲的无畏。

黄继光一共说了两句话：

"参谋长，请把这个任务交给我吧！"临危请命，视死如归！

"让祖国人民听我们胜利的消息吧！"爱的力量，创造奇迹！

学生反复品读这两句话，细细地体会到了这两个简单的句子包含的千斤重量和无限热爱！

（2）层层递进，体会黄继光的英雄本色，致敬黄继光的英雄壮举！

当子弹像冰雹一样射过来，黄继光怎么办？

黄继光用尽全身的力气，更加顽强地向前爬，还有二十米、十米……近了，更近了。

在暴风雨一样的子弹中，黄继光怎么办？

黄继光站起来了！

面对喷射着火舌的火力点，黄继光怎么做的？

黄继光张开双臂，猛扑上去，用自己的胸膛堵住了敌人的枪口。

随着层层递进，黄继光的英雄形象一步步扎根在学生的心里！多么勇敢、多么顽强、多么悲壮！

（3）寻根溯源：在千钧一发的危难之际，在暴风雨一样的子弹中，是什么力量使黄继光用自己的胸膛堵住了敌人的枪口？

学生满含热泪，他们说：是热爱！是对祖国、对人民、对战友的热爱，让黄继光毫不犹豫地用自己的胸膛堵住了敌人的枪眼，让部队完成了任务，让祖国和人民听到了胜利的消息！

（4）致敬英雄，做一个新时代的好少年。

第一，致敬：黄继光，千千万万个黄继光用鲜血换来了今天的和平时代的幸福生活。让我们向英雄敬礼！（全体行少先队队礼）

第二，齐诵：课文《黄继光》。学生此时此刻的诵读，读出了硝烟弥漫的战场上，英雄视死如归的豪情壮志！崇高的爱，随着声声句句，已厚植在学生的心田。

3.课后：致敬英雄人物，弘扬爱国精神，点燃红色火焰。

（1）阅读链接：《祖国，我终于回来了》，深化拓展英雄形象。

（2）课外延伸：阅读一篇文章，认识一个英雄，分享一个故事。

通过课外阅读活动，学生从课内到课外无缝衔接，以故事的形式让英雄的红色精神在中华大地燎原！

三、成效

黄继光舍身堵枪眼，致敬英雄铸丰碑！

经过对项目式三联动深度开发语文课程中的德育资源之课例《黄继光》的反思，我们对如何在语文教学中渗透德育总结出了一套行之有效的方法，这就是"项目式三联动·互联网拓时空"。

（一）课前

1. 深度解读语文教材，把准教材中的德育渗透点。

部编版教材，每一个主题单元都包括两个部分，人文主题和语文要素，并且以精读、略读、课外阅读为体系，不但凸显语文的实践性，还增强了与生活的联系。精选的课文都文质兼美、内涵丰富，让学生的语文素养得到发展，情感得到潜移默化的熏陶，养成良好的品质，使语文真正做到文以载道、以德树人。

2. 精心制订项目计划，落实项目具体任务。

项目式三联动，其中很重要的就是提前布局，整体把控。每一项学习任务都要落实时间、内容、学生等关键节点以及质量要求，要环环相扣、步步为营。

3. 互联网拓时空，提取信息要有效。

互联网＋，极大地改变了学生学习的方式。在便捷地享受海量信息的同时，最重要的是在搜索引擎给我们提供的资源里，紧密结合学习内容，快速筛选和提取出解决问题的有用信息，否则将耗费大量的时间和精力。

（二）课中

1. 深挖细磨，关键词句塑造形象。

每一篇课文，都有一些词句一下子就抓住了我们的眼睛，让我们能够快速、有效地获取重要信息，从而体会到课文的主题和作者要表达的情感，那些生动的词句、那些准确刻画人物特征的词句、文章的中心句等，它们表情达意，褒贬分明，让我们感受到语言的魅力。

2. 以读促悟，字里行间感受品质。

读，一个字，功能却很强大。读，故事记住了；读，人物认识了。读懂几分，收获就几分。没有读懂，就没有体验，只有知道。学生在读中获得的情感体验和悟到的人生道理是无法用其他形式替代的。

3. 关注学生，现场生成妙不可言。

学生是一个个鲜活的生命，他们有灵动的思想，课堂上的现场表现会即时生成无法预设的精彩，如果你抓住了，那真是妙不可言。这就需要老师用眼睛去多发现，用耳朵去多倾听，用嘴巴去多夸奖。

（三）课后

历史自信，无比坚定！

百年党史，是一部丰富生动的教科书，多少英雄人物，为有牺牲多壮志，敢叫日月换新天！下课不是结束，而是新的阶段的开始！课外是我们学习党史的更加广阔的天地！我们的少年学子，在党史教育中，无比坚定了：不忘初心跟党走，牢记使命听党话！

（三）课例三：党和人民心连心（学校特色思政课程）

党和人民心连心

成都师范附属小学华润分校　张琳玲

教学准备	
指导思想	习近平总书记在党史学习教育动员大会上强调："抓好青少年学习教育，让红色基因、革命薪火代代传承。"青少年是祖国的未来、民族的希望，培养德智体美劳全面发展的社会主义建设者和接班人，需要用好红色资源，传承红色基因。 　　对于小学生而言，党史教育既需关注知识传授，也要强调情感培养，以深入浅出的方式讲好红色故事，用真情感染、用真理感召，引导学生听党话、跟党走，从小学先锋，长大做先锋，成为担当民族复兴大任的时代新人。
设计理念	党史教育不是"疾风骤雨"，而是"润物无声"，逐渐将文化内涵的精神力量转化为个体的情感认同和行为习惯。《党和人民心连心》这一节课从故事入手，紧扣"润"开展教学： 　　1. 重现近代之变化，感悟伟大征程，润情。通过《百年恰是风华正茂》视频播放，重温党的百年征程，激发对党的热爱之情。 　　2. 重温英雄之故事，感悟伟大精神，润心。通过学习新民主主义革命时期、社会主义革命和建设时期、改革开放时期以及新时代等不同历史时期的时代楷模践行初心使命的故事，体会伟大精神，心生敬佩。 　　3. 展望民族之复兴，感悟使命在肩，润志。展望未来发展，明确自己肩负的民族复兴大任，立下志向，从小学先锋，长大做先锋。

续表

教学准备	
教学内容	共分享了 11 个故事，包括：见证党和人民心连心的故事《半条被子》；革命战争年代献出宝贵生命的烈士、新中国忘我工作的建设者、几十年如一日不忘初心砥砺前行的老党员、疫情期间战斗在危险一线的当代党员的故事；不同历史时期，党和人民想在一起、干在一起的共同奋斗的故事等。引导学生深切体会党对人民群众的关爱、人民群众对党的拥护。
教学目标	1. 回顾历史，重温伟大征程，感党恩、听党话、跟党走； 　　2. 致敬英雄，重现感人瞬间，知事迹、悟精神、明道理； 　　3. 激荡情感，立下远大志向，学先锋、做先锋、担使命。
教学重点	1. 认识"中国共产党的初心和使命是为中华民族谋幸福，为中华民族谋复兴"。 　　2. 体会"党和人民心连心"。
教学难点	唤醒学生们内心深处的真切体验，树立远大理想并为之而努力。
教学思路	1. 前置学习，储备经验 　　通过前置学习，学生们围绕"身边有哪些党员，他们有哪些光辉的事迹"展开调查，储备相关经验。 　　2. 任务驱动，触发思维 　　（1）细读图片，找不同。通过比较图片找出 8 位共产党员的不同之处：所处时代不同、职业不同、民族不同……再找出相同之处：他们都有一个共同的名字——共产党员，进而深刻体会共产党全心全意为人民服务的精神。 　　（2）细读数据，悟真情。通过读沂蒙红嫂故事中的数据，体会"人民拥护共产党"的真情；通过脱贫攻坚取得胜利案例中的数据，体会"党和人民心连心"，昂首迈进新时代。 　　3. 资源引入，触动情感 　　（1）导入时播放《百年恰是风华正茂》视频，回顾党的百年征程。 　　（2）抗疫英雄与沂蒙红嫂的视频片段回顾，重现当时的场景。 　　（3）身边党员故事的分享，与学生生活紧密相连。 　　（4）重温入队誓词，升华情感。

续表

教学流程			
环节	教师教学活动设计	学生学习活动设计	设计意图
回顾百年征程，不忘来时路	1. 引导语：同学们，在中国共产党的领导下，中华民族经历了从站起来、富起来到强起来的伟大飞跃。今年，恰逢建党一百周年，让我们跟随一段视频回顾党的百年征程。（播放视频） 2. 视频中哪个瞬间给你留下了深刻的印象？	1. 认真倾听、思考，观看视频，回顾党的百年征程。 2. 思考、交流，加深对百年征程中伟大瞬间的印象，产生情感共鸣。	回顾党的百年征程，认识伟大瞬间及意义，产生情感共鸣。
重温动人故事，懂得"共产党全心全意为人民"	（一）听习近平爷爷讲《半条被子》的故事 1. 中国共产党带领人民从革命岁月走来，经历了建设时期、革命时期，迈进了昂扬的新时代。每一个瞬间，每一次飞跃，背后都有很多动人故事。今天，我们就来讲故事，讲党和人民的故事。首先，我们一起来听习近平爷爷讲《半条被子》的故事。 2. 听了习爷爷讲的故事，你有什么感受？ （二）自己看图讲故事 3. 是啊，"心中有人民"，这就是共产党。这样的故事还有很多，让我们一起来看图说故事。 4. 出示图片，引导孩子讲刘胡兰、张思德、王进喜、焦裕禄、雷锋、黄旭华、其美多吉、钟南山的故事。 5. 播放《最美逆行者》视频。"我是党员我先上"，无数医务工作者签下生死状，不问报酬，不计生死。他们，是最美的逆行者。	1. 认真倾听。 2. 两名学生谈感受：共产党心中有人民，哪怕只有一条被子也要分一半给老百姓。 3. 倾听并思考。 4. 看图讲故事： 刘胡兰：牺牲时年仅15岁，为了革命，献出宝贵生命。 张思德：危急关头，将生的希望留给战友。 王进喜：铁人精神，永不褪色。 焦裕禄：党的好干部，人民的好公仆。 雷锋：服务人民，帮助他人，平凡的岗位，却有着不平凡的事迹。 黄旭华：隐姓埋名30年，将青春和热血献给祖国、献给人民。	1—2：对"共产党员始终与人民在一起"形成初步认识。 3—5：看图，讲述英雄故事，初步体会共产党员为了国家和人民的利益，在危难时刻，冲锋在前，甚至不惜牺牲自己的生命。

续表

教学流程			
环节	教师教学活动设计	学生学习活动设计	设计意图
	（三）比较总结，发现异同 6. 同学们，听了这些故事，你们有什么感受？他们有什么不同点？有什么相同点？ 7. 总结：他们所处的时代不同、职业不同、民族不同，但是他们都有一个共同的名字——共产党员，他们为了国家和人民的利益，危难时刻，冲锋在前，全心全意为人民。 （四）链接生活，体会深情 8. 同学们，张老师佩戴了党徽，因为我是一名共产党员。我们身边有很多共产党员，谁来说说他们的故事？ 9. 总结：家里，学校，社区……无数党员用自己的实际行动履行着"为人民服务"的庄严承诺。	其美多吉：雪线邮路的幸福使者。 5. 感受医护工作者的伟大，最美逆行者，共筑"白衣长城"。 6. 思考，交流。 7. 倾听，感悟。 8. 分享调查的数据及事迹。 9. 倾听，感悟。	6—9：深化认识，体会共产党员不分民族、不分职业，均在不同时代、不同领域作出重要贡献。
细读案例数据，懂得"人民拥护共产党""党和人民心连心"	（一）学习沂蒙红嫂的故事，感受"人民拥护共产党" 1. 革命战争年代，在山东沂蒙这片红色土地上，有一群无私奉献的沂蒙妇女被人们称为"红嫂"。她们送子参军、送夫支前，缝军衣做军鞋，抬担架推小车，舍生忘死救伤员，谱写了一曲曲水乳交融的军民鱼水情。（出示沂蒙红嫂相关数据） 2. 同学们，从这些数据中你们感受到了什么？ 3. 我们看到的可能只是几个数据，但是每一个数据背后都有无数动人的故事。在孟良崮战役中，党的军队要渡河，桥却被冲毁了，来不及修桥，怎么办？我们一起来看看红嫂是怎么做的。（播放视频）	1. 倾听，初步感知沂蒙红嫂的事例。 2. 思考并交流自己的想法。 3. 观看视频，红嫂忍受着冰冷的河水，冒着连天的炮火，用家里的门板为党的军队搭起一座人桥，好几个小时，谁也没有一句怨言。入情入境地体会红嫂用实际行动拥护共产党。 4. 交流感受，加深认识。	1—5：通过沂蒙红嫂的故事体会人民拥护共产党。

续表

	教学流程		
环节	教师教学活动设计	学生学习活动设计	设计意图
	4. 同学们看了这段视频，有什么感受？ 5. 这仅仅是一次帮助而已，而红嫂们做的仅仅是这些吗？当我们再读这些数据，你们有什么感受？ （二）学习脱贫攻坚的故事，体会"党和人民心连心" 6. 2020年底，我国农村人口全部脱贫。伟大的壮举！人民群众在幸福生活的同时也纷纷表达自己的感谢。歌舞表演、行动支持、倡导新风尚…… 7. 读了这段材料，你们有什么感受？ 8. 总结：同学们，共产党全心全意为人民，人民拥护共产党。两颗心紧紧连在一起，党和人民心连心。	5. 再读数据，加深认识。 6. 阅读材料，认识脱贫攻坚取得的伟大成绩。 7. 感受共产党全心全意为人民，人民拥护共产党。两颗心紧紧连在一起，党和人民心连心。 8. 倾听并深入体会。	6—8： 通过脱贫攻坚的故事进一步体会共产党全心全意为人民，人民拥护共产党，党和人民心连心。
肩负时代重任，长大做先锋	1. 同学们，你们都佩戴了红领巾，因为你们有一个共同的身份——少先队员。中国少年先锋队是建设社会主义和共产主义的预备队。作为新时代的少先队员，我们应该怎么做？ 2. 亲爱的同学们，作为少先队员，我们同心追梦、努力奔跑。让我们重温入队誓词，时刻准备着，为共产主义事业贡献力量！ 3. 同学们，让我们铭记今天的誓言，追梦美好的明天！	1. 明确自己的身份，知道少先队员要高举旗帜跟党走，从小学先锋、长大做先锋，让红领巾更鲜艳。 2. 重温入队誓词。 3. 树立远大理想并为之而努力。	明确少先队员的身份，重温入队誓词，树立远大理想。
	设计板书		
	党和人民心连心 全心全意为人民　　　　　人民拥护共产党		

（四）课例四：学习长征历史　弘扬长征精神（《道德与法治》课程）

学习长征历史　弘扬长征精神

成都师范附属小学华润分校　李中奇

教学准备	
学情分析	学校在前期面向全校师生开展了"红色小脚印　重走长征路"的活动。在这个活动中，大部分孩子游览与长征历史革命相关的红色景点，如泸定桥、大草地、红军长征纪念馆等。因此，学生对长征路上的经典历史故事有初步的认识和了解。 　　但是，由于长征发生在距离学生较远的年代，学生对长征这段历史的认识比较粗浅，对红军长征历经的困难并没有深刻的体会。而作为新时代社会主义的建设者和接班人，学生应不忘初心、铭记历史。因此，本课重点旨在通过学习长征精神来激发学生树立坚定的理想信念，激发学生对红军战士"不畏艰险、艰苦奋斗、崇高理想信念"的敬畏之情以及对党热爱、对党赤诚的情怀。
教学目标	1. 引导学生初步认识长征历史的背景、原因等知识。 　　2. 通过"红色小脚印"进一步引导学生感悟长征的伟大和不易。 　　3. 学习长征精神的内涵，进一步引导学生树立坚定、远大的志向。 　　4. 激发学生对红军长征"不畏艰险、艰苦奋斗、崇高理想信念"的崇敬之情以及热爱党的赤诚情怀。

课程设计与实施				
活动项目	教学意义	教学过程		教学准备
导入	初步感知长征背景	师：同学们，2021年是伟大的一年，你们知道有哪些伟大的事情在我们的身边发生呢？ 　　生1：2021年初，我国研制出了新冠病毒的疫苗…… 　　生2：2021年，我国发射首次火星探测任务天问一号成功。 　　生3：大运会将在我的家乡成都举办！ 　　师：说得不错！奇奇老师也觉得2021年是伟大的一年！因为在今年，有一个伟大的时刻即将到来！同学们知道是什么吗？ 　　生：是什么？		长征先导视频 （3分钟）

续表

		课程设计与实施	
活动项目	教学意义	教学过程	教学准备
		师:2021年将迎来我党的一百岁华诞!在这100年岁月里,我们的党经历了许多磨难,但也创造了无数伟大的历史!今天我们就要一起来学习百年历史中的一段伟大历程!让我们一起来看一段视频。(播放长征先导片)视频里的内容都和一个重要的历史事件有关,你们知道是什么吗? 生:长征! 师:没错,正是长征。今天,列车长奇奇老师要邀请咱们班的红色少年一起乘坐长征列车,共同追忆长征历史,铭记长征精神。让我们走进第一章——红色历史加油站。	
第一章 红色历史加油站	认识长征历史	教学活动一:长征知识竞答 师:学史明理,学史增信,学史崇德,学史力行。下面我们将进行长征知识抢答赛。红色少年们准备好了吗?我们的长征号列车出发啦! 第一题:长征的时间? 第二题:长征的起点和终点分别是哪里? 第三题:长征的路程有多远? 第四题:长征路上的重要事件有哪些? 第五题:长征的原因是什么? 师小结:哇!看来咱们班的少年们都是长征历史的小达人!	长征知识相关问题 (4分钟)
		教学活动二:研读长征地图 师:刚刚我们初步回顾了长征的历史,那同学们知道"红军不怕远征难"究竟有多难吗?现在老师要请红色少年团围绕这个问题展开小组合作。 PPT出示合作要求:4人小组合作研究红军长征地图,从地图哪些地方看出红军长征难?先圈出来,再用四字词语概括你们的观点,最后用几句话谈一谈你们的观点。小组代表上台汇报。	利用"智慧课堂App"出示长征地图和长征资源包,学生分组开展自主讨论。 (6分钟)

续表

课程设计与实施				
活动项目	教学意义	教学过程		教学准备
		学生分享汇报		
		第一组学生汇报，师小结：长征第一难——路途遥远。 中央红军从瑞金出发，途经湘江、遵义、赤水河、金沙江等，共计跨过14个省，行程共约25000里，历时两年，最终抵达吴起镇，并在会宁完成三军会师。由此可见，红军长征第一难，难在路途遥远。 第二组学生汇报，师小结：长征第二难——环境艰险。 红军战士们跨越近百条江河，攀越40余座高山险峰，其中海拔4000米以上的雪山就有20余座，他们还穿越了一片一万平方公里的大草地，说是草地，这里到处都是沼泽、暗河，很多战士掉了下去，就再也没有起来……可见，红军长征第二难，难在环境艰险。 第三组学生汇报，师小结：长征第三难——敌情四伏。 国民党军队在红军途经之处埋下数道封锁线，企图歼灭红军。其中，红军在湘江突破第四道封锁线时付出了极为惨痛的代价，中央红军由长征刚出发时的8.6万人锐减至3万人，为掩护红军主力渡过湘江的红五军团34师，经过七天七夜血战，全师6000多名将士几乎全部阵亡。湘江战役成为突围以来损失最为惨重的一战。		（3分钟）
第二章 红色足迹少年说	体会长征精神	师：刚刚咱们单从地图上看，就能初步感受到红军长征有多难了。为了让大家更深刻地感受远征难，铭记伟大的长征精神，前期咱们学校面向全校师生发起了"红色小脚印 重走长征路"的系列活动。这一次，我们不只用眼睛看，还要用双脚去丈量，亲身去感受红军不怕远征难。PPT展示校内红色小脚印影集。 师：在座的红色少年团，你们去了哪里呢？ 生1：我去了泸定桥。 生2：我去了赤水。 生3：我去了遵义会议会址。		红色小脚印PPT （14分钟）

续表

课程设计与实施			
活动项目	教学意义	教学过程	教学准备
		教学活动三：长征足迹少年说	
		师：哇，看来咱们班的红色小脚印遍布了长征路上的各个角落！在红色旅途中，大家看到什么，感受到了什么？下面就让我们一起走进第二站——红色足迹少年说。	
		第一组"红色足迹少年说"——走进红军长征纪念馆 师：红色足迹第一站——红军长征纪念馆。有哪些同学去到了红军长征纪念馆？我们请这几位同学来为我们分享一下他们的感受。 学生演讲1：半截皮带，以红军行军时所食用的物品来展示红军长征之不易。 学生演讲2：红军衣物，以红军行军时所穿的衣物来感受长征之不易。 学生演讲3：战士手掌印，以战士手掌印的形状与常人不同，来展示战士们为理想信念奋斗的伟大。 师小结：谢谢同学们的分享。通过聆听你们的红色之旅，我们又一次感受到了长征路上红军战士们的坚韧不拔、英勇无畏；同时我们也深深地被你们的深情和赤诚所打动。掌声再次送给他们！	
		第二组"红色足迹少年说"——走进"飞夺泸定桥" 生1：我和其他几位同学在红色小脚印活动中都去到了泸定桥。泸定桥是长征路上最惊险奇绝的一站，给了我们太多震撼。我们想为大家朗诵一首诗来分享我们的感受。 小组诗歌诵演：飞夺泸定桥 师小结：谢谢同学们。这段震撼人心的诗歌诵演，不仅带我们重回了长征路上最"惊险绝奇"的一战，更让我们深深地被英雄们大无畏的精神所震撼！让我们对英雄们致以最崇高的敬意！	

续表

课程设计与实施				
活动项目	教学意义	教学过程		教学准备
		第三组"红色足迹少年说"——走进老红军 师：除了你们，奇奇老师也重走了长征路，我去到的这一站是：成都西部战区军区总医院。在那里，我慰问了一位老人，今年他已经96岁高龄了，他——就是长征路上的亲历者，一位亲身走过长征的红军战士——向爷爷！ 80多年前，他曾目睹敌人将他的母亲捆绑起来，用刺刀一刀一刀将母亲刺死。当他提到这里时，我清晰地记得，坐在我面前的这位年迈的老人眼里闪烁着泪花。也是在那一年，他毅然决然加入红军队伍，参与红军长征。那时的他，差不多和你们一样年纪。让我们来看看老师带回的视频吧！ 播放采访视频。		
		师小结：二万五千里，漫漫长征路。在中国共产党伟大的历史长河中，像向爷爷这样为了革命理想前赴后继、挥洒青春的革命先辈还有很多很多。那是什么让他们即使面对千难万险也毫不畏惧呢？		
第三章英雄人物光影记	树立坚定志向	**教学活动四：读穿越时空的书信** 师：就让我们沿着时间的刻度，一起走进第三章——英雄人物光影记。让我们跟随两封书信去体会革命先烈们铮铮铁骨背后的动人故事。 师：第一封书信是革命烈士吴振鹏在牺牲前两天写给自己的未出生的女儿的。革命年代，担任中央巡视员的吴振鹏被国民党押捕入狱，国民党用尽一切酷刑想让吴振鹏交代出党的机密。然而，这个文弱书生即便被老虎凳轧断双腿，被烙铁烧坏皮肉仍旧没有吐露半个字。一天晚上，吴振鹏在狱中挣扎着坐了起来，拿出了偷偷藏着的纸和笔，给自己尚未出生的女儿写下了一封信。就在写完信的第二天，吴振鹏牺牲了，年仅27岁。		吴振鹏及其女儿的两封书信。 （8分钟）

续表

课程设计与实施			
活动项目	教学意义	教学过程	教学准备
		播放吴振鹏的书信朗读视频。 师：87年后的今天，吴振鹏信中的女儿已经是一位年迈的老人，她想对自己的父亲说什么呢？让我们来听听她给烈士父亲的回信吧。 播放吴振鹏女儿的回信朗读视频。 师：同学们，现在你们能说一说：为什么在面对千难万险、即使是生命的威胁，这些英雄战士也毫不畏惧呢？ 生1：我觉得是因为他们有坚强的意志、坚定的革命信念和必胜的信心…… 生2：我觉得他们有不惧艰险的精神和意志支撑他们走到最后…… 板书：坚定理想信念　牺牲奉献　不惧艰险　艰苦奋斗 师小结：没错，这坚定的理想信念，不惧艰险、牺牲奉献的精神意志，就是伟大的长征精神！ **教学活动五：学习习近平"长征精神"讲话** 师：习近平爷爷在纪念长征胜利80周年大会上说："伟大长征精神，就是……坚定革命的理想和信念，坚信正义事业必然胜利的精神；就是……不怕任何艰难险阻，不惜付出一切牺牲的精神；就是坚持独立自主、实事求是……的精神；就是……严守纪律、紧密团结的精神；就是紧紧依靠人民群众，同人民群众生死相依、患难与共、艰苦奋斗的精神……每一代人有每一代人的长征路……今天，我们这一代人的长征，就是要实现'两个一百年'奋斗目标、实现中华民族伟大复兴的中国梦。" 师小结：正如习近平爷爷告诉我们：长征永远在路上。不论我们的事业发展到哪一步，不论我们取得了多大成就，我们都要大力弘扬伟大长征精神，在新的长征路上继续奋勇前进。	

续表

课程设计与实施				
活动项目	教学意义	教学过程		教学准备
第四章 长征精神 砥砺行	践行 长征 精神	教学活动六：宣誓立志 献给长征		
		师：人无精神则不立，国无精神则不强。下面，就让我们把长征精神带给我们所有的感动和鼓舞，化成一首诗，送给现在的自己，也献给我们的未来！		

总　结
亲爱的孩子们，蓝图已绘就，奋进正当时！让我们在未来的成长之路上，不忘长征精神，砥砺前行吧！

（五）课例五：红军不怕远征难（《道德与法治》课程）

红军不怕远征难

成都师范附属小学华润分校　李中奇

教学准备	
教学目标	1. 回顾红军长征的历史背景，了解并感受长征路上的艰险困难。 2. 学习长征精神的内涵，通过分享学生"红色小脚印"进一步感悟长征精神的可贵和深刻价值。 3. 引导学生立足新时代，学习具有长征精神的事迹，并联系自身立志传承新时代长征精神。
学情分析	1. 学生是本校五年级的学生，在 10 月，班级大部分学生响应学校"红色小脚印　重走长征路"活动，游览过与长征历史革命相关的红色景点，亲自去体会长征精神。 2. 经过前期学生自主查资料和前置学习，学生基本了解并掌握以下知识： （1）了解红军长征过程中的重要历史事件：遵义会议、飞夺泸定桥、红军过草地； （2）能够读懂红军地图上的基本要素，并能通过研究长征路线地图，结合图例和相关标志简要分析红军路上可能遇到的困难； （3）查阅过长征历史背景资料，了解长征时间、起因、所经过的地方、遇到的困难。

续表

课程设计与实施			
活动目标	师生活动	活动准备	活动目的
导入环节	播放视频。 师:××班的小星星们大家好!我是你们的晞光姐姐。在开课之初,让我们一起来看一串数字……这些数字都和一个重要的历史事件有关,你们知道是哪个历史事件吗? 生:长征。 师:没错,正是长征。关于长征,你知道什么? 生1:长征发生在1934年10月—1936年10月。 生2:在长征路上,红军战士穿过了14个省,翻越了40座山,跨越了近百条江河。 师:同学们说得不错。红军长征那个年代,社会危机四伏,日寇侵袭、国民党军队向我军发起一次次"围剿"。在第五次"反围剿"中,我军惨遭失败,损失了接近一半的兵量。中国红军陷入了危机时刻,中国革命陷入了危机时刻,中华民族陷入了危急时刻。我军不得不撤出中央革命根据地,踏上战略转移的长征之路。 师:今天,晞光姐姐要带领咱们班的小星星们重走长征路,感受长征精神。你们准备好了吗? 生:准备好了! 师:那我们出发吧!	PPT出示长征视频1。	目标一: 1. 引入本课主题——长征。 2. 学生介绍红军长征的背景:时间、原因等。
红军不怕远征难	师:红军不怕远征难,到底"难"在哪里呢?下面我要邀请同学们根据前期所查的资料,选择红军长征路线图中的任意一条路线,找一找这条路线上红军长征经过的地点,说一说他们会遇到哪些困难。 生1:我想说说红一方面军的路线。他们从瑞金出发,其间经过了黎平、遵义……到达吴起镇,最终在会宁和其他队伍会和。我觉得他们会遇到这些困难……	长征地图(纸质) 长征地图PPT	目标二: 引导学生认识红军长征的困难。

续表

	课程设计与实施		
活动目标	师生活动	活动准备	活动目的
	生2：我发现红军长征的自然环境是十分恶劣的，他们沿途翻越了雪山、跨过了河流、走过了草地……我觉得这是一条艰险恶劣长征路。 生3：我发现红军长征路上有许多敌人沿途的封锁线，说明敌人也在一路追赶包围红军，我觉得这是一条紧张危急、敌情四伏的长征路。 师：说得不错。长征路如此之难、之险，红军们究竟靠的什么克服重重困难，取得长征胜利呢？ 生1：我认为靠的是坚定的信念和必胜的信心！ 生2：我认为靠的是坚韧不拔、永不放弃的长征精神！ 师：没错！正是伟大的长征精神，激励我军不断攻坚克难、走向胜利。	板书： 路途遥远 环境艰险 敌情四伏 板书： 长征精神	1.路途遥远 2.环境艰险 3.敌情四伏 引出下文——克服困难靠长征精神。
红色脚印在身边	第一组晞光姐姐分享：红色小脚印——遵义会议2分钟 师：那么究竟什么是长征精神？你是怎样感受到长征精神的？为了让同学们感受长征精神，前期，学校发起了"重走长征路""红色小脚印"等系列活动。晞光姐姐也重走了长征路，我来到的这一站，是我党历史一个生死攸关的转折点！这一站，挽救了党，挽救了中国红军，挽救了中国革命。你们知道这是哪一站吗？ 生：遵义会议会址！ 师：没错！让我们一起来看看晞光姐姐带回来的红色脚印！	PPT出示本班学情统计图表。 PPT出示学生红色小脚印照片背景墙。 教具： 红色站牌。	目标三：学生分享红色足迹的过程中进一步感悟长征精神，体会长征精神的可贵和深刻价值。

续表

课程设计与实施			
活动 目标	师生 活动	活动 准备	活动 目的
	学生观看晞光姐姐《遵义会议》视频 　师：参观了遵义会议会址，你知道遵义会议为什么在我党历史上有重要意义吗？ 　生：因为它的召开挽救了党、挽救了中国红军、挽救了中国革命。遵义会议是我党生死攸关的转折点。 　师：除了晞光姐姐重走了长征路，我调查发现，咱班小星星们的红色足迹也遍布长征路上的各个角落！来看一看大家来到了哪些红色站点（出示统计图）。 　下面晞光姐姐要从各站点的小星星们中分别挑选出一名团长……（选完了）；接下来，我要请现场的小星星们，根据前期你所去到的长征站点，找到你对应站点的团长，自行组成一支红色旅行团，合作完成以下任务： 　各团队利用老师所发的工具、资料、长征地图，交流讨论红军在这段长征路上经历的艰险与挑战。 　联想红军经历的艰险，结合自己重走长征路时的所见所闻，说一说你在这段长征路上体会到的长征精神。 　团内交流3分钟以后，各团推荐3—4名小导游，上台分享。 　第一组学生分享：红色小脚印之第一站——泸定桥（3分钟），汇报要点如下： 　1. 介绍飞夺泸定桥时间、地点、起因。 　2. 介绍飞夺泸定桥的经历的艰险、挑战。 　3. 说一说你在这段长征路上体会到的长征精神。 　第二组学生分享：红色小脚印之第二站——红军过草地（3分钟），汇报要点如下： 　1. 介绍红军过草地事件、地点、起因。 　2. 重点介绍红军过草地时经历的艰险和挑战。	板书： 坚定理想 信念 不惧艰难 险阻 牺牲奉献 艰苦奋斗 自强不息 实事求是 …… 教师所发的工具、资料如下： 1. 红军所食：草根、树皮、青稞面（出示实物）。 2. 红军所穿：破烂衣服、草鞋（出示纸质图片）…… 3. 红军所用：步枪、水杯、破烂被子…… 学生分享时可投影教师发的工具和材料。	

续表

	课程设计与实施		
活动目标	师生活动	活动准备	活动目的
	3. 说一说你在这段长征路上体会到的长征精神。 师：谢谢小星星们的分享，通过你们的分享，让我们更深刻地感受到了长征精神。 习近平爷爷在纪念长征胜利80周年大会上说： "伟大长征精神，就是……坚定革命的理想和信念，坚信正义事业必然胜利的精神；就是……不怕任何艰难险阻，不惜付出一切牺牲的精神；就是坚持独立自主、实事求是……的精神；就是……严守纪律、紧密团结的精神；就是紧紧依靠人民群众，同人民群众生死相依、患难与共、艰苦奋斗的精神。" "每一代人有每一代人的长征路……今天，我们这一代人的长征，就是要实现'两个一百年'奋斗目标、实现中华民族伟大复兴的中国梦。"	屏幕背景展示学生在该站点的留影照片。 PPT出示习近平关于长征精神的论述。	
长征精神代代传	师：虽然长征过去了80多年，但在新时代的今天，我们祖国仍不断地涌现出具有长征精神的事迹和人物，让我们感到自豪和骄傲！——长征五号顺利发射、中国天眼成为世界上最精密的望远镜、北斗卫星导航系统建成让我们中国拥有独立自主的卫星定位系统……你还知道哪些事，哪些人？你有什么话想说呢？ 学生自主发言： 第一位学生发言。 第二位学生发言。 第三位学生发言。 第四位学生发言。 教师小结：谢谢小星星们的分享。长征永远在路上。不论我们的事业发展到哪一步，不论我们取得了多大成就，我们都要大力弘扬伟大的长征精神，在新的长征路上继续奋勇前进。	PPT出示中国事业。 PPT出示小组活动要求。	目标四：引导学生立足新时代，分享新时代具有长征精神的人物事迹。

续表

课程设计与实施			
活动 目标	师生 活动	活动 准备	活动 目的
	师：上个星期，晞光姐姐代表我校师生跟随电视台一起走访慰问了红军长征老战士——向爷爷。作为长征历史的经历者，向爷爷有许多嘱托送给在座的同学们。大家想听一听吗？ 生：想！ 学生观看老红军视频（1分钟）。 师：谢谢向爷爷的嘱托。今天我们重走了长征路，学习了长征精神。在今后，同学们将怎样把长征精神运用并发扬到自己的学习生活中呢？请同学们把你的想法和行动写下来吧。 学生写下行动信念（1分钟）。 师生交流行动信念　贴星星卡（3分钟）。	PPT出示老师和向爷爷的合影。 老红军寄语视频。	

总　结
亲爱的小星星们，蓝图已绘就，奋进正当时！让我们铭记历史初心，弘扬长征精神，为实现"两个一百年"奋斗目标、实现中华民族伟大复兴的中国梦而奋进吧！

板书设计

第六章 以"一脉""四季"为两翼，
创新特色思政课程

"一脉"课程与"四季"课程是"新三适"课程在适变层次的探究类课程。在进行先锋课程建设过程中，"一脉""四季"课程是创新特色思政课程的重要两翼，体现了成师附小华润分校适应新时代社会发展的要求，结合学校特色、学生发展需求进行的创新性实践。

一、先锋理念引领"一脉"课程建设

"一脉"是党建引领下的少先队课程，以"弘扬爱国情，润育赤诚心"为主题，根植爱国血脉。"四季"则以时间为轴，着力引导学生体会传统文化的内涵，感受家乡的四季之美，在学生心中从小奠定爱国主义的自然情感基础。

（一）以爱国主义教育塑造"一脉"课程的核心意义

《国家中长期教育改革和发展规划纲要（2010—2020年）》提出，开展革命传统教育对促进青少年继承革命先烈优良作风、培养青少年的爱国情感、坚定青少年的意志信念具有重要的作用。《新时代爱国主义教育实施纲要》中提到：爱国主义是中华民族精神的核心。中国特色社会主义进入新时代，要求大力弘扬爱国主义精神，把爱国主义教育贯穿国民教育和精神文明建设全过程。要把握时代主题，引导人们深刻认识中国梦的本质是国家富强、民族振兴、人民幸福，激发全体人民爱党爱国爱社会主义的巨大热情，凝聚奋进新时代、实现民族复兴的磅礴伟力；同时坚持全员全过程全方位育人，在广大青少年中开展深入、持久、生动的爱国主义教育，让爱国主义精神牢牢扎根。

"一脉"课程以爱国主义教育为核心，将时间作为线轴，彰显时间与人、时间与社会实践、时间与生命成长的关系；以中华儿女血脉为根基，团结奋斗、自强不息；坚定文化自信，学习中华优秀传统文化、红色革命文化、现代先进文化，以激发学生家国情怀为支点，塑造与推动学生不断修身践行，将治世理想融入道德涵养，培养学生责任担当，对国家和民族前途的责任感与使命感。

（二）以"润育赤诚心"引领课程目标建设

围绕学校核心办学理念，华枝春满，润物无声，在新时代发展的背景下，深化立德树人，培养新时代好少年。以社会主义核心价值观发展为基础，培育具有家国情怀的新时代好少年，拥有赤诚之心，爱校、爱家、爱国，成为新时代下的社会主义建设者和接班人。以正确的政治方向和价值导向，为学生强基固本、打好中国底色、厚植红色基因，培养具有中国心、中国情、中国味的时代新人。

1. 寻"一脉"之基

（1）坚持党对学校的全面领导，深化关键领域教育改革。一是加强学校党组织的建设，以党的思想和理论武装党员教师、影响辐射所有教师；二是整合与开发学校党建的文化资源，将校内外丰富的党建资源引入活动和课程建设；三是建好党建的文化载体，形成落实党建的具体实施平台和路径，以党建引领育人活动的学校文化氛围。

（2）认清新时代历史方位，办好人民满意的教育。一是认识新时代社会主要矛盾，肩负起学校教育的责任；二是贯彻以人民为中心的发展思想，不断提高教育质量，办好人民满意的教育；三是遵循教育教学规律，着力培养时代新人。

（3）落实立德树人根本任务，努力发展素质教育。坚持《中共中

央 国务院关于深化教育教学改革全面提高义务教育质量的意见》的要求，具体表现为：突出德育实效，提升智育水平，强化体育锻炼，增强美育熏陶，加强劳动教育。

2. 定"一脉"之本

（1）坚持德育为先，优化育人载体。将立德树人的具体目标融入思想道德教育、文化知识教育、社会实践教育各环节；将立德树人的具体要求融入教师、家长、学生各主体；将立德树人的具体实践融入学生的家庭生活、校园生活、社会生活各节点。

（2）促进全面发展，形成育人合力。回应"培养德智体美劳全面发展的社会主义建设者和接班人"这一目标，围绕学校办学理念和育人目标，构建课程图谱，坚持国家课程与校本课程相融合，遵循校内开发与校外延伸相整合，秉承个体成长与群体发展相契合。

3. 依托党建资源，提高核心素养

学校党建的内涵体现在育人方面就是要把党的教育方针全面贯彻落实到学校教育教学工作的各个方面，将政治立场、文化传承、价值观教育与学校教育教学实践融合融通。学习运用党建引领晞光馆的建设，实现文化、硬件、课程的有效整合。把促进学生发展核心素养作为重心，以正确的政治方向和价值导向，为学生强固基本、打好中国底色、厚植家国情怀，培养学生成为社会主义建设者和接班人。

4. 丰富课程内容，激发爱国情怀

"赤诚"是"一脉"课程核心培养目标，拥有赤诚之心、爱校、爱家、爱国，成为新时代下的社会主义建设者和接班人。"一脉"课程以丰富的课程内容，实施爱国主义教育，为提升学生家国情怀的主要载体。其有利于传承传统文化、浸润革命文化、学习先进文化，推动社会主义文化繁荣昌盛，成为德智体美劳全面发展的社会主义建设者和接班人。

5. 展示研学成果，内化家国情怀

"一脉"课程活动丰富，学习成果的形式多样。例如学生小小解说员们介绍研学经历并录制微视频；拍摄微电影，重现革命历史；开展主题演讲，重温研学体验；撰写学习日志，分享研学收获；形成研学报告，开展校级推广。学生在真实而广袤的时空中，通过体验提升对党史的认知和了解，更加坚定理想信念，厚植爱国情怀。活动的开展让学生沉浸其中，深受感染，对党、对国家的热爱之情油然而生。

（三）以少先队活动课程为原点拓展课程结构

课程是学生成长的跑道，目标需要通过课程加以落实。"一脉"课程是党建引领下我校的少先队特色课程，即指以时间为轴，中华血脉为根，承续优秀文化，弘扬爱国主义。

"一脉"课程包括正心立志，以端正心志、修养品德、树立理想为目标，实施我的中国梦、身边的榜样、城市多棱镜、劳动最光荣课程；格物致知，以获得知识、提升能力、增长智慧为目标，实施红馆光影记、英雄故事会、传统文化园、新闻连连看教育；笃行致远，以知行合一、实践创新、开拓进取为目标，实施民主我谏言、社区志愿行、服务小达人、地球小村民课程。

```
                        ┌──────────────┐
                        │ "一脉" 课程   │
                        └──────────────┘
        ┌──────────────────────┼──────────────────────┐
        ▼                      ▼                      ▼
┌──────────────┐     ┌──────────────┐     ┌──────────────┐
│   正心立志    │     │   格物致知    │     │   笃行致远    │
└──────────────┘     └──────────────┘     └──────────────┘
        │                      │                      │
        ▼                      ▼                      ▼
┌──────────────┐     ┌──────────────┐     ┌──────────────┐
│   端正心志    │     │   获得知识    │     │   知行合一    │
│   修养品德    │     │   提升能力    │     │   实践创新    │
│   树立理想    │     │   增长智慧    │     │   开拓进取    │
└──────────────┘     └──────────────┘     └──────────────┘
        │                      │                      │
        ▼                      ▼                      ▼
┌──────────────┐     ┌──────────────┐     ┌──────────────┐
│  承爱国之心   │     │  知革命历史   │     │   自主自学    │
│  立奋进之志   │     │  讲红色故事   │     │   体察体验    │
│  爱家乡之美   │     │  强文化自信   │     │   创新创造    │
│  做勤劳之人   │     │  育时代精神   │     │   重知重行    │
└──────────────┘     └──────────────┘     └──────────────┘
        │                      │                      │
        ▼                      ▼                      ▼
┌──────────────┐     ┌──────────────┐     ┌──────────────┐
│  我的中国梦   │     │  红馆光影记   │     │  民主我谏言   │
│  身边的榜样   │     │  英雄故事会   │     │  社区志愿行   │
│  城市多棱镜   │     │  传统文化园   │     │  服务小达人   │
│  劳动最光荣   │     │  新闻连连看   │     │  地球小村民   │
└──────────────┘     └──────────────┘     └──────────────┘
```

图 6-1 "一脉"课程的内容结构

（四）以先锋理念贯穿课程实施、创新课程评价

1. 课程实施

（1）专项课程实施

集体朝会：英雄故事会国旗下讲话集中在九十月份。通过集体朝会开展讲英雄故事，学习红色精神等内容。

红领巾广播站：通过红领巾广播讲红色故事。分年级，分年段开展。广播时间为每周二 13:00（表 6-1）。

表 6-1　红领巾广播站安排表

年　级	时间安排	地　点	讲解主体
三年级	9 月	广播室	学生讲
四年级	10 月	广播室	学生讲
五年级	11 月	广播室	学生讲
六年级	12 月	广播室	学生讲
二年级	1 月	广播室	教师讲
一年级	2 月	广播室	教师讲

班会课。班会课是实施社会主义核心价值观的主阵地。分不同的时期，不同的年段开展（表 6-2）。班会课主题突出，形式多元，可以是辩论赛、讲故事，教师讲、学生讲、学生演等。

表 6-2　班会课安排表

年　级	上　期	下　期
一年级	文明	友善
二年级	爱国	诚信
三年级	法治	和谐
四年级	平等	自由
五年级	公正	富强
六年级	民主	敬业

午会课。根据《关于全面加强新时代中小学劳动教育的意见》和区级

劳动教育实施手册，利用周三午会的时间，分年段、分主题进行劳动教育（表6-3）。

表6-3 劳动教育分年段安排表

理论学习	劳动教育读本					
活动主题	校园劳动先锋	家务劳动小能手	传统手工与技术	城市多棱镜——劳动者记录	STEAM创客与设计	服务小达人
具体内容	垃圾分类、书桌整理、书包柜整理、班级环境美化、书包整理	家务劳动、美食制作、家庭种植	编织、服装设计、蜡染、陶瓷、泥塑	用微视频的方式记录身边的劳动者；认识体验职业	发明创造、编程机器人、航模制作	与毕业课程整合，与一年级小朋友结对指导
课例比赛	提交劳动教育电子课例文档，开展校级劳动案例评比活动					

（2）国家课程实施

①《道德与法治》课程的实施

创新道法课程实施新机制，实现四个突破：

一是突破静态教师课程团队。学校将由传统的静态教师课程团队，向静态与动态相结合的团队实施方式转变，形成一支政治强、情怀深、思维新、视野广、自律严、人格正的思政教育教师队伍，分类别、分主题、分单元进行备课。授课教师以主题为核心，实施流动授课，使课程更加灵活生动，从而形成个体金牌讲师以及团队。

二是突破静态的教材内容。学校将不再以原有的书面教材作为教学的唯一内容，而是以活动和知识学习相整合，组织形式多元的道法课程，丰富课程的实施模式。

三是突破课堂时间与空间。学校打破传统的教室空间限制，把博物馆、红色景点、学校的晞光馆都当成道德与法治课的实施阵地，由它们组成多元化的道法课堂阵地，缩减理论的距离感，增强课堂的时代感，提升学生的获得感。

四是突破知识架构的实施。学校将丰富课程实施模式，以特色大单元作为课程主题，以大讲堂、大活动的形式实施课程。

在教师团队建设上，以语文老师为主体，建立道德与法治教育教师核心团队，开展道法改革与实践，并建立"常规课堂＋特色课堂"（7+3）的机制。例如团队教师每周教师道法课为2课时，每月约10课时，其中道法常规课堂7课时，以"一脉"为核心主题的道法特色课3课时，建立不同年级的道法特色课程主题（表6-4）。

表6-4　主题课程安排表

年　级	主　题	实施团队	教　师
一年级	英雄故事会	道法核心团队	岳俊杰　李佳芮
二年级	英雄故事会	道法核心团队	张　悦　赵子娇
三年级	红色精神	道法核心团队	王　捷　李　霞
四年级	红色精神	道法核心团队	李中奇　谢辰婷
五年级	红色小脚印	道法核心团队	巫峡鸥　谢　敏
六年级	红色小脚印	道法核心团队	张安全　刘俊英

②开发学科课程的课程思政元素

学校首先在语文和音乐学科中进行了课程思政的试点探索，挖掘语文和音乐学科中的爱国主义教育资源，实施课程整合。语文以红色故事、红色诗词为主要内容；音乐以红歌教育为主要内容，集中在10月份进行。以备课组的方式呈现一节及以上爱国主义大组教研课。在周二上午的科任组教研和周二下午的语文组教研进行，组内开展研讨、评课、说课。2021年以来，逐步进行其他学科的尝试和推进。例如信息技术以编程教育为主要内容，尝试整合"一脉"课程。美术学科以剪纸、国画、儿童画为主要载体，实施爱国主义教育，以备课组的方式呈现爱国主义教研课。

（3）选修课程

集合五大精神——"谦虚谨慎、戒骄戒躁、艰苦奋斗"的西柏坡精神、"改变作风、艰苦奋斗"的延安精神、"军民团结、艰苦奋斗"的井冈山精神、"不怕艰难险恶"的长征精神以及红船精神开展课程，学习英雄人物，了解历史事件，通过对历史的回眸，传承红色血脉，爱国爱家。每个年级的英雄故事会选修课每周不能少于1节（表6-5），各年级的"一脉"选修课围绕特定主体，由各年级组长协商选择。

表6-5 英雄故事会选修课安排

年 级	内 容
一年级	故事班——讲英雄故事
二年级	手工班——泥塑、剪纸英雄形象
三年级	国画班——我心中的英雄
四年级	话剧班——演红色故事（与童心向廉话剧相结合）
五年级	学唱班——红色歌曲学唱
六年级	书法班——英雄人物名言名句书写
跨年级	晞光少年培训班——播音主持

（4）综合实践活动

①晞光馆实践活动

包括晞光馆参观学习、晞光馆实践活动、看红色电影、电子阅读等（表6-6）。

表6-6 晞光馆实践活动安排表

年 级	上 期	下 期
一年级	—	红领巾在召唤——入队时刻（五大精神学习）
二年级	—	社会主义核心价值观学习（观看小故事）
三年级	学习新思想 学做接班人（进学习习近平主席用典阅读，书籍阅读和电子阅读）（9月）	—
四年级	学习英雄故事（看红色电影）（10月）	—
五年级	薪火相传（学习五育并举，在晞光馆开展五育实践活动，劳动教育实践，美育手工制作）（11月）	—

续表

年 级	上 期	下 期
六年级	—	毕业留声（榜样力量学习和寄语留言）

②少先队主题活动

在重要纪念日、传统节日、节假日开展少先队主题活动，深入学习宣传贯彻落实党的十九大精神及习近平总书记对少先队员的寄语精神，开展丰富的少先队主题活动（表6-7）。

表6-7　少先队主题活动安排表

区 级	雏鹰争章		
	所属课程	主题活动	时间
校 级	身边的榜样	大运会主题活动	9月
	我的中国梦	国庆系列活动	10月
	民主我建言	少先队建队日	11月
	地球小村民	国际理解主题活动	12月
	服务小达人	志愿服务活动	1月

③研学活动

以"红色小脚印"为主要内容，在周末、寒假、暑假、国庆节等开展研学活动。

1）寻找历史轨迹：粮票、自行车的演变、着装、黄埔军校的徽章的展示（趣味性、新意点）、幻灯片、中药、火花、商标、通信设施。通过有意义的讲述，获得家长和学生的关注；

2）追寻伟人足迹——伟人的生平、故居、著作；

3）历史事件回眸——通过表演的方式回顾事件，展现人物的鲜明特点。

建立学生讲解团队"晞光少年"，注重学生的参与，视角的不一样。建立基地微课、微视频资源。激发学生的学习动力，开展学生红色小脚印微视频创作。注重行前课程的实施、过程记录、成果汇报等。

研学过程中重点引导学生把问题转化为项目或课题，并选择与自己能力相适应的课题进行研究。教师可以交给学生这样的研究思路：根据问题回答的要求，可以把问题分为"是什么""为什么""怎么办"。

研学成果丰富：

1）视频：当小解说员，介绍自己的研学体验。

2）微电影：呈现研学过程最精彩的片段。

3）参观日记：通过亲身经历各种探究活动，获得并分享独特的感受。

4）主题演讲：汇报材料、照片、图片、地图、标本等。

5）研究报告：汇总成果。

④家校活动

以学校为核心，打造家长、社区、企业共同参与的同心圆教育工程，形成新型教育共同体。学校邀请教师、学生、家长、社区居民、企业代表进入晞光馆，共同策划、参与系列活动，增强彼此的沟通、合作和认同。同时，学校与工商银行春熙支行、华润置地成都分公司、中国电信成都分公司、大唐电信成都分公司、四川航空客舱服务部以及学校所属翡翠城社区等缔结为党组织共建单位，整合资源，互助成长。

（5）课题研究

在引导学生把爱国情、强国志、报国行融入新时代的追梦征程之中，思政教育是重要且关键的途径，发挥着不可替代的作用。同时，思政课程也是实施爱国主义教育的重要阵地。习近平总书记在学校思政理论课教师座谈会上谈到，我们办中国特色社会主义教育，就是要理直气壮开好思政课，用新时代中国特色社会主义思想铸魂育人……中共中央办公厅、国务院办公厅印发了《关于深化新时代学校思想政治理论课改革创新的若干意见》的文件精神，也再次强调了深化新时代学校思想政治理论课改革创新的重要性。

课程实施后，无论是教师、课程本身或是研究进度，都展现出了显著的效果。首先，教师思政意识得到提升。越来越多的老师关注"学习强国"平台，关注国家时事。同时，教师们积极参加区级思政课教师应知应会知识竞赛。思政教师呈现出良好的教研氛围和团队协作意识。其次，道法课堂呈现出新的活力。在"一脉"课程的引领下，打造"基础＋特色"思政教育实施模式，基础课程——国家道德与法治课程，特色课程——道德与法治校本化课程。最后，推动了课题研究的初步推进。学校启动了"先锋课程建设与实践研究"成都市课题研究项目，也参加了"如何用道德与法治教材教与学"课题项目。

在未来的思政教育发展道路上，学校将继续深入开发思政资源，推进亮点课程，锤炼教师团队，开展课题研究。面对新形势、新任务、新挑战，提高认识，创建浓厚的思政教育氛围，全面提高思政教育的质量和水平，努力培养担当中华民族复兴大任的时代新人。

2. 课程资源

（1）课程建设，读本开发

形成校本读本体系，见表6-8。

表6-8　校本读本清单

1	红色小脚印读本（已有）
2	劳动生活　劳动创造（已有）
3	国际理解教育学本（已有）
4	传统文化读本（已有）
5	红色小脚印研学成果集（已有）
6	教师"一脉"课程教学案例与论文集（规划）
7	劳动教育案例集（规划）
8	社会主义核心价值观读本（规划）
9	英雄故事读本（规划）

（2）一核四维，资源拓展

围绕一核四维的发展路径，积极争取家庭、社区、企业的共同参与。通过家校互动，学习红色文化；通过社区联动，开展红色活动；孩子们走进社区开展少先队活动，如红色朗诵，我爱祖国书画展，志愿服务活动等。通过企业共建，拓展党建时空。可以借助家长开放日、家长会等家校沟通渠道，进行宣传，家长和孩子共同学习革命精神，开展亲子红色阅读活动，邀请老红军、老战士等到学校进行讲解。与中国移动、工行等开展党建共建，建立多方联动机制。

（3）环境打造，文化浸润

打造"一脉"课程红色教育阵地——晞光馆，包含"两室一廊"（"党员活动中心"，"不忘初心，致敬时代"教育展厅以及学校党建特色走廊）。依托"晞光馆"开展系列红色场馆教育活动，缅怀一代先烈、追寻红色记忆、增强党性意识。建立中队先锋角，展示、宣传革命领袖的教导、革命先烈的故事、战斗英雄、劳动模范的事迹、青少年英雄人物，引导队员继承红色基因，从小学先锋，长大做先锋，走正确的人生道路，通过展板、宣传栏、微信公众号、抖音进行推广。

（4）队伍建设，先锋带头

打造由优秀党员组建的"晞光姐姐"解说团队，"晞光少年"红色景点讲解团队，讲好"晞光故事"，师生广泛参与线上线下学习。在浩然堂，学生积极开展线上学习，利用平板电脑互联网技术搭建网上学习平台。继续深入发挥德育中心组、学生发展中心组的积极能动作用，积极发挥道法课教师的能动作用，安排好班辅例会的重要内容。下期班辅例会以讲坛的方式，分主题安排，为老师颁发证书，并穿插安排专家讲座。

表6-9　先锋带头工作安排表

月　份	主　题	主　体
9 月	家校沟通	巫峡鸥　钟英萍
10 月	班级文化建设	胡怀玉　张　悦　田　静
11 月	班干部培养	黄体强　尤星晖
12 月	活动设计	刘俊英　佘　润　陈彦池
1 月	健康心理	王芋文　林　洁　李东檩

3. 课程评价

在实践中，我们构建了以爱国主义教育为内容核心的过程性评价体系，即学生红色徽章评价体系。

12枚红色徽章评价（以学年为单位），见表6-10。每名学生一本红色徽章集，印章由年级管理，年级盖章，班级和年级登记好盖章的数量以及名单。见图6-2。

表6-10　徽章清单

一部红色书籍		
一次榜样推选	一次场馆参观	
一次劳动体验	一次艺术体验	一趟红色旅行
一次城市调查	一本新闻记录	一次志愿服务
	一次红色演讲	一次国际理解
		参与民主建言

图6-2　徽章集示意图

红色徽章好少年：评选主体为学生个体（每学期4—6个徽章，学期末颁发校级奖状）

4个徽章：四星红色徽章队员

5个徽章：五星红色徽章队员

6个徽章：六星红色徽章队员

若一学期超过6个徽章，多余的数量积累到下一学期再进行统计。

（五）先锋课程体系下"一脉"课程教学的课例分析

1. 课例一：忆英雄

忆英雄

成都师范附属小学华润分校　李丽莎

课程简介	
主　题	"忆英雄"红色故事会——说说我们的大英雄
适用年级	一年级
课型课时	课型：课堂课例（√）；课外实践活动（　） 课时：1课时（√）；2—3课时（　）；多课时（　）
课程主题	我的中国梦（　）；身边的榜样（　）；劳动最光荣（　）； 红馆光影记（　）；英雄故事会（√）；服务小达人（　）； 红色小脚印（　）
课程目标	1. 通过讲革命英雄的故事，让同学们了解大英雄为中华民族所作出的贡献，勿忘国耻，铭记历史，从而激发学生热爱祖国、热爱中国共产党、热爱社会主义的感情，勉励学生努力学习，以实际行动为祖国的发展添砖加瓦。 2. 追忆英雄人物的光辉事迹，使学生受到爱国主义教育。 3. 了解革命历史，学习革命先烈大无畏的英雄气概，陶冶情操。 4. 领悟今日幸福生活来之不易，进一步树立正确的世界观、人生观、价值观。
课程准备	1. 问一问，向长辈寻问革命英雄的事迹。 2. 查一查，查资料了解革命英雄的事迹。 3. 准备多媒体课件。
课程设计与实施	

一、活动背景

在我校开展"立足晞光，深入队建"活动的热潮下，我们一年级七班确定了"忆英雄红色故事会——说说我们的大英雄"作为本班的特色主题班会。这次班会是让同学们通过讲革命英雄的故事来追忆英雄人物的光辉事迹，使学生受到爱国主义教育，领悟今日幸福生活来之不易，进一步树立正确的世界观、人生观、价值观。

续表

课程设计与实施
二、活动准备 1. 穿上校服，戴好红领巾，清点汇报人数。 2. 班里各小组清点人数，向组长汇报校服、校徽穿戴情况。 3. 组长向班主任汇报。 三、活动过程 1. 班主任宣布："忆英雄红色故事会——说说我们的大英雄"主题班会现在开始。 2. 全体起立，唱少年先锋队队歌。 3. 班主任讲话：本次班会的主题为"忆英雄红色故事会——说说我们的大英雄"，在活动开始前，先请同学欣赏一首歌曲。（PPT 播放英雄赞歌） 4. 班主任念开场白： 长江和黄河唱着英雄的赞歌，歌声震荡着山河。 纪念碑展示出他们的伟岸，国旗上浸满他们的血汗。 他们的身躯，已化作一座座高山， 他们的胸脯，已变为一片片平原。 每当南风吹来的时候，我总听到那深情的述说，述说着英雄的故事。（音乐响起）自古英雄出少年，抗日战争时期，中华民族涌现出了一批少年英雄，在民族危难的时刻，他们用自己稚嫩的肩膀担起了沉重的抗战任务，在中华民族的历史上留下了光辉的一页。 故事引入：请大家欣赏视频：荧幕上的抗日英雄——张嘎。通过小兵张嘎这一荧幕形象，让小朋友们看到在国家生死存亡之际，小兵张嘎也为抗日战争贡献了自己的力量。 5. 班主任总结：小兵张嘎真是一位了不起的小英雄，身为小学生，我们真该为他感到自豪与骄傲。革命英雄千千万万，正是他们的英勇战斗才换来我们今天的幸福生活。还有谁愿意上台来讲一讲你所知道的革命英雄的故事。 6. 请 2—3 名同学上台讲故事（学生陆续讲故事）。 （1）同学一：讲述黄继光的故事。 （2）同学二：讲述董存瑞舍身炸碉堡。 （3）同学三：讲述少年英雄王小二。 7. 班主任点评：黄继光、董存瑞、少年英雄王小二都是了不起的英雄。身为小学生，我们不仅要去了解他们的英雄故事，更需要去学习他们身上大无畏的爱国精神。感谢三位同学的分享，我相信，座位上的同学们也是收获颇丰、感受颇深。今天我们的班会主题其实就是要告诉我们，不能忘记这些英雄，也不能忘记他们舍生取义的爱国精神。

续表

课程设计与实施
8. 班主任总结：听了几位同学讲的故事，我越来越感受到革命先烈大无畏的英雄气概，我们的幸福生活真是来之不易啊。相信大家也和我有一样的感受，我还相信每一位同学都想把自己知道的故事讲给其他同学听。下课后，同学可以再把自己了解到的英雄故事分享给同学、好朋友，或者自己的爸爸妈妈、爷爷奶奶。 9. 小组交流： （1）小组交流分享后，请代表再次上前为大家分享、总结。 （2）班主任提问：通过聆听了刚刚的故事，小朋友们还有什么话想要说的吗？ （3）班主任总结小朋友分享的收获。 10. 班主任总结：面对和平与幸福，我们怎能忘记过去？一位位英雄、一幕幕场景在我们眼前闪过。一朵朵鲜花，述说着当年的故事，是他们的英勇铺就出今天光辉的征途。接下来请副班主任讲话。 11. 副班主任：同学们，革命先烈虽然已经离我们远去了，但是他们无私无畏的精神永远与我们在一起，时时刻刻地激励着我们每一位同学不断前进。弘扬革命精神，争做"四好"新人，就是我们的奋斗目标。 12. 全体起立，齐声朗读：追忆英雄，向英雄们学习！ 13. 班主任宣布："忆英雄红色故事会——说说我们的大英雄"主题班会到此结束。
实施效果
1. 革命英雄的红色精神一直感染着班上的同学们，"英雄"情结作为后两周同学们讨论的主要焦点。 2. 回家后，有大部分同学和自己的家人分享了在班会上听到的一些革命故事，家长之后也有和班主任反馈、互换信息。 3. 班上有同学的爸爸就是军人，所以他的反应很强烈，说到"英雄""保卫国家"这些词的时候，同学感觉很骄傲，并在下课后，和自己的好朋友们主动分享自己爸爸的故事。 4. 此次班会使学生受到爱国主义教育，领悟到今日幸福生活来之不易，表示要珍惜现在坐在宽敞明亮的教室里学习的机会。

2. 课例二：我的中国梦

我的中国梦

成都师范附属小学华润分校　李璐西

课程简介	
主　题	我的中国梦
适用年级	3—6 年级
课型课时	课型：课堂课例（　）；课外实践活动（　） 课时：1 课时（√）；2—3 课时（　）；多课时（　）
课程主题	我的中国梦（√）；身边的榜样（　）；劳动最光荣（　）； 红馆光影记（　）；英雄故事会（　）；服务小达人（　）； 红色小脚印（　）
课程目标	知识与能力：联系四个认同认识中国梦，明白个人梦想与国家梦想是紧密相连的；鼓励学生畅谈梦想，认识梦想对每个人都很重要，引导学生确立梦想。 　　过程与方法：通过实践活动，初步理解实现梦想需要坚持，需要努力，需要积极探索。 　　情感态度价值观：引导学生增强作为一个中国人的自豪感，激发爱国之情。
课程准备	1. 学生提前收集资料——关于"他人的梦"以及关于梦想的名人名言； 　　2. 教师做好教学设计并制作 PPT，准备彩纸，拷贝歌曲《我的未来不是梦》。
课程设计与实施	

一、何为中国梦

习近平总书记在参观国家博物馆的大型展览"复兴之路"时指出，每个人都有理想和追求，都有自己的梦想。现在，大家都在讨论中国梦，我认为，实现中华民族伟大复兴，就是中华民族近代以来最伟大的梦想。这个梦想，凝聚了几代中国人的夙愿，体现了中华民族和中国人民的整体利益，是每一个中华儿女的共同期盼。

续表

课程设计与实施

　　历史告诉我们，每个人的前途命运都与国家和民族的前途命运紧密相连。国家好，民族好，大家才会好。实现中华民族伟大复兴是一项光荣而艰巨的事业，需要一代又一代中国人共同为之努力。空谈误国，实干兴邦。我们这一代共产党人一定要承前启后、继往开来，把我们的党建设好，团结全体中华儿女把我们国家建设好，把我们民族发展好，继续朝着中华民族伟大复兴的目标奋勇前进。

　　"我们的人民热爱生活，期盼有更好的教育、更稳定的工作、更满意的收入、更可靠的社会保障、更高水平的医疗卫生服务、更舒适的居住条件、更优美的环境，期盼着孩子们能成长得更好、工作得更好、生活得更好。人民对美好生活的向往，就是我们的奋斗目标。"

　　二、倾听梦想——"他人的梦"

　　1. 莱特兄弟的飞翔之梦

　　2. 茅以升立志造桥的故事

　　3. 马云创业的故事

　　三、中国梦

　　1. 刘洋的航天梦

　　2. 姚明的体育梦

　　3. 人大代表的中国梦

　　4. 袁隆平的"禾下乘凉梦"

　　四、励志佳句

　　1. 做人最大的事情是什么呢？就是要知道怎样爱国。

　　2. 世界上最快乐的事，莫过于为理想而奋斗。

　　3. 理想是指路明灯。没有理想，就没有坚定的方向；没有方向，就没有生活。

　　4. 人生重要的事情就是确定一个伟大的目标，并决心实现它。

　　5. 理想的实现只靠干，不靠空谈。

　　五、讨论交流

　　我的梦想是：＿＿＿＿＿＿＿＿　　今后我会：＿＿＿＿＿＿＿＿

　　请大家把自己的梦想写在美丽的彩纸上，我们把所有的梦想都贴到墙面上的"梦想天地"图板上。

　　六、庄严宣誓：全体同学起立宣誓

　　宣誓誓词

　　我将用严谨的态度书写历史；我将用激昂的斗志奏响乐章；我将用拼搏的精神铸就辉煌！

　　告别昨日的颓丧，我扬起希望；

　　告别昨日的散漫，我打造理想；

　　面对学习中的困难，我从容不迫；

　　面对生活中的挫折，我勇往直前。

续表

课程设计与实施

在以后的学习生活中，我将做到：敢于拼搏，用不懈争取进步；自强不息，用汗水浇灌理想；超越自我，用奋斗放飞希望；永不言弃，用信念实现梦想。让青春绽放最美丽的光芒！
    七、播放歌曲《我的未来不是梦》
    八、小结
    梦想很美，有梦就有未来，可实现自己的梦想却需要付出艰辛的努力。梦想永远和眼泪、汗水在一起，假如梦想和眼泪、汗水不在一起，就变成了空想。俗话说：没有做不到、只有想不到，一个人要想幸福、一个国家要兴盛，就一定要有梦想，每一个人的梦想聚集起来，就汇成了明天的中国梦。
    让我们从现在做起，好好学习，不断进取，放飞我们的梦想，期待明天的成功！再过十几年，愿我们班的同学都能实现自己的梦想，都能为我们的祖国贡献力量。

实施效果
学生明白个人梦想与国家梦想是紧密相连的。梦想对每个人都很重要，实现梦想需要坚持，需要努力，需要积极探索。我们每一个人都要为实现伟大中国梦而奋斗。

总结与展望

一、总结
    习近平总书记的"中国梦"的提出在很大程度上激发了人们对于渐渐遗忘的"梦想"一词的讨论，这股春风也不例外地吹进学生的心里。通过本节班会课，学生更清晰地了解、明白了何为中国梦，中国梦与自身的关系。人生因为有梦想而显得愈发的美好，青少年的梦想尤其是这样。它会激励青少年在今后的学习生活中努力奋进。为梦想努力的过程是痛并快乐着的，是化茧成蝶的必经阶段。正是每一个中国人的梦想汇聚而成我们中华民族的伟大复兴之梦想。
    二、展望
    班会课的设计上分几块细化了中国梦与我们每个人的关系，最后的励志佳句又更是让学生知道梦想一直以来就应该是我们为之努力奋斗的目标。实现它的过程中也是自身蜕变的过程，而最终的目的都是让自己和家人生活得更好。班会课激发了学生对于梦想的热情，也希望能由学生把这"中国梦"带给每一个家庭的成员，让更多的人为之努力。

3. 课例三：秋之收

秋之收

成都师范附属小学华润分校　廖腊梅

课程简介	
主　题	秋之收——收习惯（劳动的习惯）：《测量教室有多长》
适用年级	二年级
课型课时	课型：课堂课例（√）；课外实践活动（　） 课时：1课时（√）；2—3课时（　）；多课时（　）
课程主题	我的中国梦（　）；身边的榜样（　）；劳动最光荣（√）； 红馆光影记（　）；英雄故事会（　）；服务小达人（　）； 红色小脚印（　）
课程目标	1. 经历用不同方式测量教室的过程； 2. 积累测量活动经验，发展度量意识和劳动能力； 3. 在测量活动中体验合作、交流和劳动的乐趣。
课程准备	尺子、数学书、铅笔
课程设计与实施	

1. 课前提问：怎样测量教室的长度？

2. 学生以小组为单位进行实际测量。

提要求：先想好你们小组选择什么测量工具，再实际测量，最后把所选的测量工具和测量结果填在横线上。

我们小组的测量工具：_____。

我们小组的测量结果：_____。

小组分工要求：2人测量，1人组织，1人记录汇报。

3. 全班交流汇报

师板书各组测量结果

4. 组织学生讨论：在量的过程中你们小组遇到了什么问题或困难？你们解决了吗？哪个小组能帮帮他们？要注意什么问题？

5. 提问：用一个工具可以测量出教室有多长，但为什么大家的测量结果不一样呢？

小结：测量工具不同，结果也就不同。

续表

实施效果
学生自主选择尺子、书、铅笔或步测教室的长度，在测量活动中增强了小组的合作意识，锻炼了个人的劳动能力，体会到了由于测量工具的不同，得到的测量结果也就不一样。

总结与展望
结合数学学习内容，让学生从听者变成劳动者，离开座位和小伙伴合作劳动，不仅锻炼了学生的劳动能力，还让学生在合作劳动中体会到劳动带来的愉悦。

4. 课例四：我的中国梦

我的中国梦

成都师范附属小学华润分校　　徐靖雯

课程简介	
主　题	我的中国梦
适用年级	四年级
课型课时	课型：课堂课例（√）；课外实践活动（　）。 课时：1课时（√）；2—3课时（　）；多课时（　）
课程主题	我的中国梦（√）；身边的榜样（　）；劳动最光荣（　）； 红馆光影记（　）；英雄故事会（　）；服务小达人（　）； 红色小脚印（　）
课程目标	1. 通过阅读时事小册子、知识问答，了解中国梦的基本内涵，加深对中国梦的认识。 2. 结合考点展开联想，构建相关知识点的知识结构图。 3. 分析典型例题，根据材料变式训练并体验自主命题。 4. 在活动探究中看到圆梦面临的困难和今后努力的方向，看到圆中国梦的优势，坚信中国梦一定会实现。 5. 联系自身实际，在中考的征程上敢于有梦、勇于追梦、勤于圆梦。
课程准备	1. 搜集资料并整合资料后设计学案。 2. 学生按要求做好学案的相关练习，教师批阅并找出典型答案。 教师分析练习效果后做好教学设计并制作PPT。

续表

课程设计与实施

一、筑梦篇

热身运动：知识问答。

学生参与抢答加深了解。

过渡：中国梦是人民的梦，今天就让我们紧跟时代的脉搏，走进"中国梦，我的梦"。

设计意图：激发学生兴趣，让学生对中国梦的基本内涵有个初步的了解，加深对中国梦的认识。

二、追梦篇

教师设问：关于"中国梦，我的梦"这个主题，你联想到了课本的哪些知识？

对学生的回答进行总结。

过渡：每个人都有自己的梦想，如果有梦就一定要追，马上追。中考在即，关于中国梦这个热点问题有很多值得我们关注的考点，而要实现中华民族伟大复兴的中国梦的追梦过程也是不容易的。

设计意图：让学生回顾"中国梦"有关的课本知识点，特别是指导书新增加的内容，为后面的课程奠定基础。

（一）基础知识我掌握

1. 请根据所学的知识，帮忙补充好连线和填上空格中相应的内容。（图略）

对学生的回答进行总结。

2. 构建与中国梦相关考点的课本知识体系。（可选择一个或多个考点）

展示学生作业，引导学生进行适当补充并总结。

过渡：知识点和知识点不是割裂开来，而是相互联系的。只要发散思维，你的小宇宙就有机会爆发。

设计意图：对基础的知识进行检测，给学生的答题树立信心，并为后面的知识体系的建构提供范例。给学生展示平台，引导学生对课本知识点进行梳理和整合，加深对课本知识的理解。

（二）研学拓展我提升

活动探究一

我们坚信中国梦会实现，但梦的实现不是一帆风顺的。请谈谈制约我国实现中华民族伟大复兴这一梦想的因素有哪些。

对学生回答进行点评并总结。

过渡：有信心，有忧患。同一段材料命题的角度有很多。下面我们来实践一下。

设计意图：激发学生思辨能力，联系课本知识点，让学生在分析中看到圆梦路上的困难与挑战。

续表

课程设计与实施
活动探究二 假如你是中考命题者，请就"实现"二字，自主设计问题并设置参考答案。对学生回答进行点评并展示样题。 例1：青少年是国家的未来、民族的希望。请你运用所学知识，结合自己的认识，谈谈实现"中国梦"我们所肩负的责任。 例2：我们为实现"中国梦"奋力前行，而梦想成真的未来路程仍充满风险挑战。要实现"中国梦"，在经济建设、政治建设、文化建设、社会建设、生态文明建设方面要如何做？ 例3：我们为实现"中国梦"奋力前行，而梦想成真的未来路程仍充满风险挑战。请你就如何实现中国梦向国家提几条合理化的建议。 例4：我们为实现"中国梦"奋力前行，而梦想成真的未来路程仍充满风险挑战，要实现"中国梦"，我们应该怎样去圆梦？ 过渡：要有全方位，多角度的努力，中国梦才能美梦成真。 你的梦呢？ 设计意图：站在命题者的角度去思考问题，拓宽视野，激发思维，深化对课本知识的理解，提高变式训练的效果。 三、圆梦篇 （一）建立中国梦与我的梦的联系 （二）我的感悟 1. 做完"基础知识我掌握"，我的感悟。 2. 做完活动探究后，我的感悟。 3. 老师寄语：圆梦广雅。要敢于有梦，勇于追梦、勤于圆梦。 设计意图：感悟复习阶段的复习技巧。如复习阶段要注意知识点与知识点的联系；要善于发散思维；要懂得举一反三等；要激励学生，触动学生心灵。
实施效果
一、准备较充分 "凡事预则立，不预则废"在这次活动中得到了充分体现，正是因为有了翔实的考虑周全的计划和充分的准备，这次活动才有了成功开展的前提。 二、密切配合 多方面的积极协助和努力，是活动得以完成的保证。调动起全班同学参与进来，宣传后，也得到其他班级的同学的支持。 三、分工具体安排合理 在活动没有开始之前，负责人就已经将材料、任务合理分配，同时也注意到宣传组织及工作时间的协调。同学们普遍反映良好。

续表

实施效果
四、活动全面深入 　　从初期活动内容的确定到联系相关部门，宣传组织同学进行分工，一直到工作的全面开展及高质量的完成，后期总结讨论，充分做到理论联系实际，并且升华理论，提高同学们的思想认识。
总结与展望
一、总结 　　本次主题课程大家通过知识问答，很好地理解了中国梦的深刻内涵。通过这场活动，同学们树立了自己的信心，看他们自信的表情，听他们充满豪情的声音，我相信，他们的梦一定能实现。 　　是的，梦是还没有实现的东西，是对未来的美好憧憬和希望，这要求我们好好把握今天，努力学习，打下坚实的知识基础，才能拥有美好的明天，梦想实现的前提是把握人生。把握人生，不是一天两天，也不是一年两年，而是需要一个人用一生的时间，需要几十年如一日的耐力、恒心与毅力去实现。更多的时候，把握人生的关键是要培养自己的习惯，坚持自己的原则。而顽强的毅力可以征服世界上任何一座高峰；恒心与毅力，在征服的过程中必不可少。命运靠自己主宰，人生由自己把握。臧克家说过，青年是宝藏，青年是黄金：宝藏要挖掘，黄金要熔炼。而人生最好的淘金者和冶金人便是你自己，把握人生，让自己的年轻发挥极致。 　　二、展望 　　加强学生的理想信念教育，引导学生树立梦想、立大志、报国家，进一步感悟"少年智则中国智，少年强则中国强：我的梦是中国梦，中国的梦是我们的梦"的深刻内涵。

5. 课例五：劳动最光荣

劳动最光荣

成都师范附属小学华润分校　袁晴芩

课程简介	
主　题	劳动最光荣
适用年级	三年级

续表

课程简介	
课型课时	课型：课堂课例（√）；课外实践活动（ ） 课时：1课时（√）；2—3课时（ ）；多课时（ ）
课程主题	我的中国梦（ ）；身边的榜样（ ）；劳动最光荣（√）； 红馆光影记（ ）；英雄故事会（ ）；服务小达人（ ）； 红色小脚印（ ）
课程目标	1. 通过活动让学生认识到劳动的重要性。 2. 体验劳动的快乐，从小培养爱劳动的习惯。 3. 教育学生尊重劳动人民，珍惜劳动成果的思想，珍惜父母的辛勤付出。
课程准备	1. 搜集名人或身边感人的劳动故事。 2. 观察班上最爱劳动的同学是谁，用一句话夸夸他。

课程设计与实施

一、激趣导入

同学们，你们看看我们教室的环境怎样，你能感受到什么？这干净、整洁、舒适的环境是我们的值日生用他们的辛勤劳动创造出来的。劳动创造了美、创造了美好的生活，劳动是最光荣的！

二、学会尊重劳动者

当我们背着书包走在宽阔平坦的马路上时，当我们穿着干净整洁的衣服、吃着美味可口的饭菜时，你们是否会想到那些为我们创造美好生活的劳动者？你们是否体会到这些劳动者们所付出的艰辛呢？假如这些劳动者都停止了劳动，我们的生活会出现怎样的情景？

劳动只有分工不同，没有贵贱之分，劳动者是最值得尊重的人。让我们为这些可敬的劳动者送上最美的赞歌吧！

下面请欣赏诗朗诵《劳动之歌》：

劳动如多彩的光是那么明媚，劳动创造出千般快活，劳动使机器在飞速地动，
劳动使万物承载世界，我要为劳动者唱赞歌。无论坚守在什么岗位，
无论岗位是多么平凡，都是劳动创造新的生活。劳动是事业的根本，
劳动才能获取新的生活。劳动是人类永远的旋律，劳动是勤劳者心灵之歌。

三、分享劳动的故事

劳动是平凡的，也是伟大的，不管是名人还是普通人，他们无一不都是用自己的双手去劳动、去创造自己的一切。下面，我们就一起来分享这些感人的劳动故事吧！从他们身上，你们受到了什么启发呢？

续表

课程设计与实施

四、表扬爱劳动的同学

劳动是可敬的，劳动是光荣的。同学们，擦亮我们的眼睛，看看我们班上最爱劳动的同学有谁，他们平时是怎样做的。让我们向他竖起赞赏的大拇指，说一句赞美他的话！

五、点燃热爱劳动之情

劳动是光荣的，但劳动也是辛苦的！同学们，在以后的生活中，你们会做个怎样爱劳动的好孩子呢？

六、班长发起"爱劳动，惜成果"的倡议

劳动光荣，懒惰可耻。我们应从现在做起，从身边做起，从小事做起，把热爱劳动、珍惜劳动成果的行为习惯体现在日常的生活中，做一个优秀的学生吧！（班长宣读"爱劳动，惜成果"倡议书）

"爱劳动，惜成果"倡议书

1. 在家做爱劳动的好孩子。自己能做的事情自己做，自己的衣服自己洗，在家洗洗碗、扫扫地。

2. 在校做爱劳动的好学生。按时按质按量完成老师布置的作业，积极地参加班级劳动如扫地、拖楼梯，擦窗、捡公共场地的垃圾等，把教室和公共区打扫干净。

3. 珍惜别人的劳动成果。比如，每当你们浪费一些饭菜时，你们应当想到这是农民伯伯的劳动成果，不应该浪费；比如，你们走出教室的时候，你们应当想想电是电厂工人叔叔的劳动成果，应该把灯关掉；还比如，你们洗好手后应该及时把水龙头关掉，不能浪费水。

总结：同学们，我们都有一双灵巧的手，让我们用双手学会服务、学会劳动、学会创造，都来做勤劳的好孩子；让我们用汗水描绘自己的理想，用双手创造美好的未来！

实施效果

同学们都懂得了劳动最光荣的道理，知道了每一个人都是班级的小主人，要争做一个爱劳动、关心集体的好学生，要尊重劳动者的劳动成果。

总结与展望

一、总结

通过劳动主题班会的开展，让学生懂得了尊重劳动者和他们的劳动成果，感受劳动者的辛苦，点燃孩子们的劳动热情。

二、展望

劳动不能只是嘴上功夫，还应安排劳动实践的课程，让学生亲自体验劳动的快乐。如定期安排班级大扫除，利用周末或者小长假安排在家劳动实践任务。

二、先锋理念引领"四季"课程建设

"四季"课程包括"四季与自然""四季与节庆""四季与科学""四季与文艺""四季与劳动"几大板块，用自然之道意蕴学生成长，用自然之名丰富学生认知，用自然之力锤炼学生品格。

（一）以家国情怀塑造"四季"课程的核心意义

家国情怀是德育教育经久不衰的主题词。党的十八大以来，习近平总书记反复强调家风和爱国主义的重要性，并对如何培育新时代背景下的家国情怀提出了一系列要求。在 2019 年春节团拜会上，习近平总书记提出，我们要在全社会大力弘扬家国情怀，培育和践行社会主义核心价值观，弘扬爱国主义、集体主义、社会主义精神，提倡爱家爱国相统一，让每个人、每个家庭都为中华民族大家庭作出贡献[1]。同时，《新时代爱国主义教育实施纲要》也明确提出，实现中华民族伟大复兴的中国梦，就要"厚植家国情怀，培育精神家园，引导人们坚持中国道路、弘扬中国精神、凝聚中国力量"。这充分表明了家国情怀对个人发展、社会进步和民族复兴的重要价值。

家国情怀也是学校思想政治工作的重要内容，小学生正处于世界观、人生观、价值观建立和形成的孕育阶段，学校思想政治工作要以培养学生的家国情怀为出发点，只有热爱自己的祖国、民族和人民，才能树立起正确的价值观，以回答"培育什么样的人、怎样培养人、为谁培养人"的时代问题。在新时代背景下，学校立足于中国特色社会主义伟大实践，通过开展特色"四季"思政课程，引导小学生厚植家国情怀，对传承"天人合一"的文化基因，培育人与自然的生命共同体；领会绿色发展的理念精髓，养成社会主义生态文明的品性；感受"美丽中国"的情景图像，深化热爱社会主义祖国的感情，对凝聚小学生奉献意识、集体意识、爱国意识具有重要的助推作用。

---

[1] 习近平 . 在二〇一九年春节团拜会上的讲话 [J]. 思想政治工作研究，2019（03）：1.

（二）以"家国情怀，润泽生命"引领课程目标建设

1. 领悟中华文化的博大精深，厚植家国情怀的感性基础，激励学生珍惜幸福时光，立志报效祖国、振兴中华。国家教育部颁布的《完善中华优秀传统文化教育指导纲要》指出，加强对青少年学生的中华优秀传统文化教育，要以弘扬爱国主义精神为核心，以家国情怀教育、社会关爱教育和人格修养教育为重点，着力完善青少年学生的道德品质，培育理想人格，提升政治素养。中华民族共同体意识是国家统一之基、民族团结之本、精神力量之魂。国家明确提出"加强中华民族共同体教育"[1]。"四季"课程以深化民族团结进步宣传教育，从而铸牢中华民族共同体意识。

2. 提高学生科学素养和人文素养，习得尚和合文化，培养亲自然的感情和亲社会情感，持续积极投入生态文明建设。习近平总书记人与自然生命共同体思想为实现中华民族伟大复兴和满足人民美好生活需要提供了新动力，是从生态治理角度推动构建人类命运共同体的中国方案，其价值旨归在于实现社会进步和人的全面发展[2]。"四季"课程强调学生与自然的接触，用自然之道意蕴学生成长，用自然之名丰富学生认知，用自然之力锤炼学生品格，让学生在课程学习中为生态文明建设贡献一份力量。

3. 将种植活动与学科教育相结合，与学校跨学科式项目学习课题研究相结合，充分融入语文家乡教育、农耕文化教育、传统二十四节气教育。与科学教学相结合，让学生了解土壤、气候、湿度、氧气等科学原理；帮助学生认识节气的劳动价值和社会价值、认识美好生活的意义，培养学生热爱劳动、热爱生活的品质以及追求科学、文明、健康的生活方式。

（三）以中华优秀传统文化为原点构建课程结构

"四季"课程遵循"天、地、人和谐，真、善、美交融，知、情、形统一"，以四季的节气为基点，展示中华岁时文化的自然物候景观、天气变化现象、生产劳动安排、身体保健原则、历史掌故评述、节日纪念筹

[1] 陈立鹏，张珏.关于深入推进中华民族共同体教育的几点思考[J].贵州民族研究，2020，41（06）：143—149.

[2] 张三元.论习近平人与自然生命共同体思想[J].观察与思考，2018（07）：5—17，2.

办、诗词描绘赏析、歌舞游乐表现、民俗事项复演。

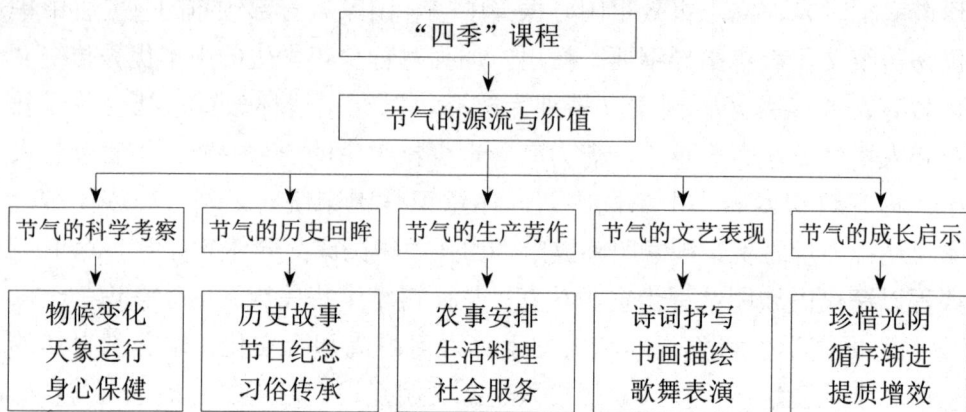

图 6-3 "四季"课程结构内容

表 6-11 "四季"课程安排表

四　季	目　标	主要内容	涉及学科
春之生	观生长（植物） 懂生活（农事） 惜生命（心理）	物候变化 农事安排 生活料理 珍惜光阴 循序渐进	科学　信息　数学 心理　道德与法治
夏之长	长艺术（艺术体验） 长发现（环境互动） 长创造（创新发明）	天象运行 社会服务 书画描绘 歌曲表现	科学　艺术　信息　道德 与法治
秋之收	收健康（体育锻炼） 收智慧（阅读养成） 收习惯（劳动习惯）	历史故事 诗词抒写 提质增效	体育　语文　道德与法治
冬之藏	藏传统（传统文化） 藏营养（冬季养身） 藏眼界（国际理解）	身心保健 节日纪念 习俗传承	语文　英语　艺术

（四）以主题活动融合国家课程，创新课程的实施与评价

关注人文与科学的会通、历史与当下的关联、时间与空间的交合，将节气的源流与价值融入四季，通过专设、嵌入、延伸、拓展、渗透、关联的方式，将其仪式化、活动化、日常化、行动化。

主题活动

"春之生"校园四季活动

1. 时间：2—4月。

2. 节气：立春、雨水、惊蛰、春分、清明、谷雨（重点节气：立春、清明）。

3. 目标：观生长、懂生活、惜生命。

感受春天的复苏和勃勃的生机，让学生用自己的方式书写春天。

4. 实施。

表6-12 "春之生"校园四季活动

分类	学科	活动主题	活动形式	活动时间	作品呈现
节气的科学考察	科学	科学种植	观察春天自然界的气候变化；认识春天的植物，选择一种进行种植，并记录每天的气温和植物生长情况	3月	以"写""画"为主，形式为调查报告、计划表、观察日记、绘图、作文
	信息	春景留影	电脑绘制春天校园美景；拍摄植物生长瞬间	3月	
	数学	生活中的数学	认识日历、学习时间；观察种植的植物，记录生长情况，绘制成统计图表；观察节气中的气温变化，绘制统计图表	3月	

续表

分 类	学科	活动主题	活动形式	活动时间	作品呈现
节气的历史回眸	语文	感受春萌感悟生长	1. 认识二十四节气是什么？春天的节气有哪些？分别有什么含义？春天节气的传统习俗有哪些？传统故事有哪些？重点学习春分节气； 2. 认识节气中的诗词、谚语，诵读与春天的节气、生长相关的美文诗篇，为种植的植物写首诗或者配上一小段文字； 3. 在春季社会实践中，分享交流对春景春物的认识和体会	4月	以"写""画"为主，形式为调查报告、计划表、观察日记、绘图、作文
节气的成长启示	道德与法治	春之计划	珍惜光阴，一年之计在于春，制定各类计划。 1—2年级：我的习惯养成； 3—4年级：我的优势发扬； 5—6年级：我的学习规划	4月	—

"夏之长"校园四季活动

1. 时间：5—7月。

2. 节气：立夏、小满、芒种、夏至、小暑、大暑（重点节气：芒种、夏至）。

3. 目标：长艺术、长发现、长创造。

体验生命接受大自然的馈赠，努力成长的过程。

4. 实施。

表6-13 "春之生" 校园四季活动

分 类	学科	活动主题	活动形式	活动时间	作品形式
节气的科学考察	科学	昆虫记	认识夏天的昆虫（养蚕），关注昆虫（养蚕）的生长，写观察日记	5月	以演、画、观察日记、摄影为主
		夏日星空	了解星座、星宿的知识，探究星空，了解星球的种类	5月	
	信息	星空摄影	开展星空摄影比赛	5月	
节气的文艺表现	音乐	校园音乐会	梳理与夏天节气相关的歌曲、舞蹈，专题欣赏	6月	
	美术	夏日画展	绘制 "立夏蛋"；绘制盛夏星空图；描绘校园里的夏天美景	6月	
节气的成长启示	道德与法治	旅行中的世界	1. 策划暑期亲子旅游活动，体验暑期快乐生活； 2. 学习暑期安全知识及自我保护知识； 3. 拍摄旅途美景、绘制旅行手册，记录成长的脚步	7—8月	

"秋之收" 校园四季活动

1. 时间：8—10月。

2. 节气：立秋、处暑、白露、秋分、寒露、霜降（重点节气：立秋、秋分）。

3. 目标：收健康、收知识、收习惯。

让学生参与实践，感受劳作带来的成果，感受春天期望变成实实在在的收获，让学生在美丽的秋天中收获快乐、收获成长。

4. 实施。

表6-14 "秋之收"校园四季活动

分　类	学科	活动主题	活动形式	活动时间	作品呈现
节气的科学考察	科学	物候考察	观察秋季的物候，重点观察秋季的植物，探究秋天植物变化的特征和规律，观察树叶的形状和颜色，写观察日记	9月	以读、动、手工为主
	美术	落叶标本	观察秋天树木叶子变化，搜集树叶制作艺术图画，把一片片叶子变成一张张精美的书签，一幅幅精美的叶画，感受秋之韵、叶之美	9月	
节气的文艺表现	语文	诗词诵读	1. 认识秋天的节气有哪些？分别有什么含义？节气的传统习俗有哪些？传统故事有哪些？ 2. 聚焦秋天的节气，开展诗词诵读活动	10月	
节气的生产劳作	体育	秋季养生身心健康	1. 立秋称重。指导学生了解自己的体重变化，学习秋季养生知识； 2. 秋季运动会，加强锻炼，增强体质	10月	

续表

分　类	学科	活动主题	活动形式		活动时间	作品呈现
节气的成长启示	道德与法治	家务劳动小主人	家务系列	洗衣服，刷鞋，叠衣服，整理被子，整理书桌，整理衣柜，打扫马桶，擦窗户，扫地，拖地，倒垃圾	11月	以读、动、手工为主
			餐食系列	买菜，洗菜，准备早点，煮饭，洗碗，洗筷子，收拾饭桌，洗锅、洗杯子、泡茶		
			照顾系列	照顾亲人，照顾弟弟妹妹和老人，陪老人散步，聆听家人的烦恼，了解家人的习惯，买他们爱吃的，了解他们的身体情况		
			养殖系列	做好家庭绿植养护，创设绿色美丽的家庭环境		

"冬之藏"校园四季活动

1. 时间：11月至次年1月。

2. 节气：立冬、小雪、大雪、冬至、小寒、大寒（重点节气：立冬、冬至）。

3. 目标：藏传统、藏营养、藏思想。

保藏生命，积蓄能量。

4. 实施。

表 6–15 "冬之藏" 校园四季活动

分　类	学科	活动主题	活动形式	活动时间	作品形式
节气的科学考察	科学	气象观察员	雾霾从哪里来：了解冬天节气基本知识，多角度认识雾霾；树木美容师：了解冬天树木养护知识	12 月	调查报告、书法、多媒体 PPT、小报等多种形式。
节气的文艺表现	英语	同一个地球	1. 搜集冬季中外风俗、谚语，体会冬季融合与储蓄的力量 2. 了解不同地域的冬天的自然气候、风土人情、重要节日 3. "世界大运会" 主题活动	12 月	调查报告、书法、多媒体 PPT、小报等多种形式。
节气的成长启示	道德与法治	冬日里的温情	了解春节文化、探访民俗和家风、搜集家乡特产，参与年夜饭制作	1 月	照片、视频

国家课程

二十四节气课程课时安排尽量与节气变化相对应，让课堂进度与自然节气更替的步调基本一致。根据学生的在校时间以及每个节气对应的重点节日，选择立春、清明、芒种、夏至、立秋、秋分、立冬冬至作为重点节气学习。

实施形式：各学科按照月份每期开展一次节气主题教研，围绕节气开展一次教研活动，设计教学主题、教学组织形式、教学案例。

选修课程

表6-16 选修课程安排表

序号	主 题	具体内容	实施学科
1	四季诗歌	节气的专题学习，每个季节选择一个节气作为重点学习内容，围绕节气开展诗歌欣赏、谚语背诵等活动	语文
2	种植园地	种植、标本制作、生长统计图绘制	科学、数学
3	四季舞蹈	1. 结合节气里的物候变化，搜集动物的鸣叫声、萤火虫的舞蹈光学，尝试创作模型； 2. 编制与节气相关的小品、歌伴舞或情景模仿造型	音乐
4	天文与星空	节气星空、星空摄影、节气电脑绘画	科学、信息
5	刺绣	布面上的春天	美术
6	油纸伞创作	伞动夏季	美术
7	剪纸	—	美术
	国画	墨韵之冬	美术
8	中医、四季锻炼	中医养生、体育锻炼	跨学科、体育
9	节气话剧	英语话剧	英语

课程保障

1. 环境资源

（1）学校文化建设

①楼道节气文化墙

现在学校里有一楼地面的星空图、体育馆门口的知识格子，四楼的科普知识栏，还有每一层楼的美术作品的区域，围绕学校的"一脉""四季"课程，有一个固定的区域来进行学生"四季"课程作品的呈现。

标志性雕塑"时间之书"，一"盘"多用。表盘上镌刻着二十四节气的每一个时间段，记录着二十四花卉、七十二候、十二属相以及北斗、黄经，让学生在拨动"节气针"的同时，了解了和节气有关的知识。

教学楼楼道设计。四层楼道以春夏秋冬为主线，用中国元素体现的二十四节气点缀其间。

楼梯两侧悬挂着师生参与节气实践活动的照片。

②农耕体验区

图 6-4　学生体验农耕区

③种乐园

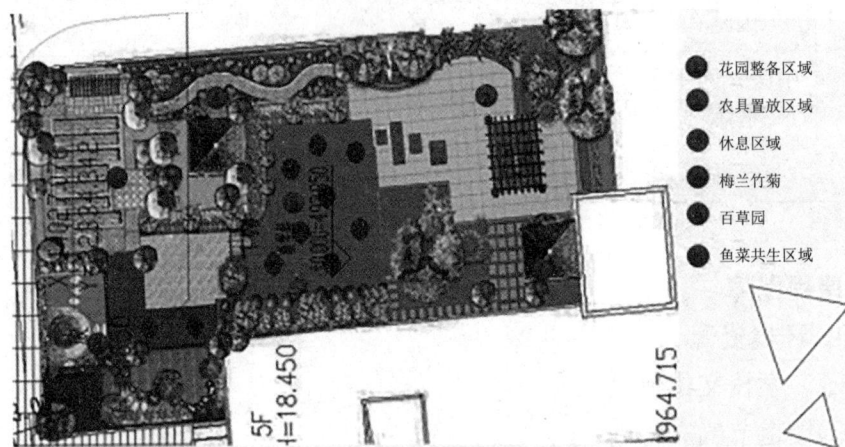

图 6-5　种乐园规划图

④二十四节气的知识宣传栏

用于介绍二十四节气的基本知识，将它变成环境的一部分，潜移默化地影响着学生。教师也可以充分利用这些资源，结合节气对学生开展相关

的教育，让学生进一步了解、体验节气。（展板的形式，根据节气更换）

⑤蜀景物趣生物多样性科学馆

图 6-6　蜀景物趣生物多样性科学馆

班级文化建设：二十四节气主题黑板报。用于介绍二十四节气的基本知识，将它变成环境的一部分，潜移默化地影响着学生。教师也可以充分利用这些资源，结合节气对学生开展相关的教育，让学生进一步了解、体验节气。

2. 课程资源

（1）校内的课程资源

节气课程：结合学校的顶层设计，运用课程活动主体多元化的特点，进行四季主题策划，将节气的源流与价值融入四季，关注人文与科学的融通、历史与当下的关联、时间与空间的交合。以四季的节气源流与价值为基点，展示中华岁时文化，丰富课程内容，增强课程文化底蕴。

教师团队："四季"课程由学科教研组长、年级组长和备课组长试行，在语文、数学、科学、美术等学科优先实施。展开教师培训和实践活动，使每位授课教师都具备具体实施课程的能力。

（2）校外的课程资源

在家庭、学校、企业、社区共同联动教学下，教育的地点不再仅停留于教室，也可以在社区、企业、社会场馆之间灵活切换，站在讲堂上讲课的不仅只有任课老师，也可以是每一位家长。

①家长资源：老师每学期通过家访等方式深入每一个家庭，全面了解学生情况和家长诉求。学校定期组织家长开放日、家长会以及走进农村、走进军营等家校活动，促进家长、学校、学生之间的沟通与交流。

②社区资源：在校社互动方面，落实"服务小达人""劳动最光荣"课程。成立了社区教育工作领导小组、社区党员教师、学生志愿者队伍，积极开展各类自愿服务活动。

③企业资源：依托企业的丰富资源，学校创造性地把企业纳入"一核四维"同心圆教育工程，形成新型教育共同体，打通"教育人"与"企业人"的沟通壁垒。例如，结合"节气的生产劳作"项目研究，与种福田公司一起开设了"种乐课程"。

（五）"四季"课程的评价体系

学校四季课程采用过程性评价与阶段性评价相结合的方式（见表6-17）。过程指的是学生通过课程活动获得发展的过程。这样的过程不仅有延续性的一面，也有阶段性的一面。从延续性的一面看评价关注的是在发展过程中的学生的情感态度和行为表现，从阶段性的一面来看评价，关注的是每一阶段学生学习的效果。

表6-17　树形评价

四　季	目　标	评价方式	
春之生	观生长（植物） 懂生活（农事） 惜生命（心理）	调查报告　项目成果书　计划表 形成观察手册　绘本 心理测评	绿色：生长豆
夏之长	长艺术（艺术体验） 长发现（环境互动） 长创造（创新发明）	艺术表演 研学成果汇报 制作和节气相关的科学仪器	红色：生机叶
秋之收	收健康（体育锻炼） 收知识（文学阅读） 收习惯（劳动教育）	综合运动会 诵读比赛	黄色：黄金果
冬之藏	藏传统（传统文化） 藏营养（中医养身） 藏思想（国际理解）	传统文化文创作品 国际理解综合活动	银色：能量根

优秀作品可获得一个对应的胡豆、叶、果或根。在下期主要通过果和根的累计进行评价。

(六)先锋课程体系下"四季"课程教学的课例分析

1. 课例一：折风铃

折风铃

成都师范附属小学华润分校 孙锦雯

适用年级	一年级
课　题	风铃制作
教学目标	1. 初步感受纸风铃的外形和颜色 2. 能用纸张制作出风铃花 3. 能介绍自己的制作过程
教学准备	1. 彩色卡纸 2. 剪刀、胶水
教学过程	一、认知导入 风铃花小朋友们喜欢么？风铃是一种春天的花朵，我们一起来制作它。 二、观察与制作思考 1. 观察风铃花成品，说说它的特点 花蕊、花瓣、枝干、叶子 制作过程： （1）准备一张卡纸。 （2）2次对边对折后再两次对角对折，展开后有个米字的折痕。 （3）再把两边捏住，向中间聚拢成一个小的正方形。 2. 学生尝试制作风铃花，老师观察学生活动情况，并适时进行指导 三、作品展示 学生交流制作的过程，请制作成功的学生介绍制作方法，鼓励学生讲述制作的方法。

2. 课例二：缤纷夏季 阳光成长

缤纷夏季 阳光成长

——2020年"四季"课程之阶段成果展暨儿童节庆祝方案

一、活动意义

为践行"一脉""四季"课程目标，有效实施四季课程之夏之长课程，促进疫情防控下学生的阳光健康成长，提升爱家庭、爱家乡的情怀，促进家校和谐、家庭团结，给每一个孩子提供实践舞台，培养孩子健康的审美情趣和良好的艺术修养，促进学生的科学发展和观察能力，培养孩子爱护动物的情感。我们以"缤纷夏季，阳光成长"为本次主题，实施"四季"课程之阶段成果展暨六一儿童节庆祝活动。

二、参加人员：全体学生

三、地点：各班教室

四、节目主题：缤纷夏季　阳光成长

五、形式：采用视频节目观看和投票的方式

六、前置活动

1. 班级视频推选

（1）围绕主题，以班级为单位，每个班学生自愿参加，不限人数。

（2）视频时间：1—2分钟。可以用手机拍摄，也可以用专业设备拍摄，适当编辑。

（3）视频内容：按年段分内容。

低段：夏天的味道。

中段：夏天的动物。

高段：夏天的星空。

视频节目形式：以艺术表演形式为主，围绕年段主题内容，可以是唱歌、舞蹈、快板、小品、相声、话剧、器乐、艺术拼盘等艺术类展现。

评价：各班将采用本班学生公平投票方式，评选出班级5个优秀视频，颁发校级奖状。视频投票评选标准，满分100分。

视频主题符合	视频画面清晰，声音清楚	家长参与节目演出	节目表演好，有创意，有艺术感染力
30分	20分	20分	30分

七、儿童节流程

1. 观看视频：5月29日下午：1:30—2:30。所有班级上交节目在该时间段内播放。

2. 学生投票：2:30—3:00。学生根据喜欢的节目序号进行投票。每个学生可以选投3个节目，各班统计票数前五名上报德育处。

3. 各班开展庆祝活动：3:00—4:50。班级庆祝方案发年级组长汇总。年级组长于5月22日汇总方案上交德育处。

一、二年级：下午 3:00—3:35。

三、四年级：下午 3:00—3:50。

五、六年级：下午 3:00—4:05。

4. 班级 5 个优秀视频于 6 月 2 日交德育处，学校将选择优秀作品进行网络展播。

5. 活动当天请各班副班主任负责班级照相。

6. 请各班为本班每位学生准备小礼物一份，在 5 月 29 日放学前发给学生。

3. 课例三：走进秋天　与景共舞

走进秋天　与景共舞

成都师范附属小学华润分校　王芋文

1. "我的落叶会跳舞"。秋天到来，"碧云天，黄叶地"，秋天的叶子是美丽而有特色的，如扇的银杏叶，似手掌的梧桐叶，火焰般热烈的枫叶……这样的叶子却在秋季翩然而落，我们可以用双手赋予它们一个崭新的归途。让我们用树叶进行创作，充分发挥自己的想象力，把树叶拼成各种的形状，并设计场景，做出美妙的作品吧。

2. 丰收的秋天。秋天到了，各种水果、农作物都成熟了。孩子们通过网络查阅、走进农村，去了解一下什么水果和农作物是属于秋天的，了解一下秋天丰收的这个特点。

（1）低段学生拿起小画笔画一画：可以是某种秋天成熟的水果，也可以是秋天丰收的景象。

（2）中高段学生拿起相机拍一拍：拍一拍能表现秋天丰收的景象，可以是金黄的稻田，也可以是一棵硕果累累的苹果树，抑或是市场上琳琅满目的水果。将照片贴在上面，并配一段文字描写一下秋天，说说自己在这一年的收获。

感悟秋天　品味秋韵

成都师范附属小学华润分校　林　洁

1. 古人悲秋的诗句

天高云淡，风清日朗，秋季本是喜庆丰收的季节，但在中国文人的眼里，更多的是秋风萧瑟、草木枯黄。秋风中，杜甫读到的是悲凉；秋雨中，柳永读到的是凄苦。多愁善感的文人把秋日悲凉带来的愁苦、悲哀融入笔端，形成了一个延续千年的情结——悲秋。大家能尝试着去找到写悲秋的诗句吗？

2. 中国传统节日——中秋节

秋天有一个重要的传统节日那就是中秋节。农历八月十五是秋天的正中，所以被称为中秋或仲秋。八月十五的月亮比其他几个月的满月还要圆，还要明亮，所以又叫作"月夕""八月节"。中秋前夕，人们都尽可能和家人团聚，取人月双圆的意义，因此八月十五又叫"团圆节"。

（1）全校活动——中秋读月

①中秋节的名称、由来；

②中秋节的传说与民间故事：嫦娥奔月、吴刚伐桂、玉兔捣药；

③中秋节的习俗：拜月娘、拜土地公；

④吟唱中秋诗词：水调歌头、望月怀远；

⑤共唱中秋歌曲：水调歌头；

⑥中秋相约圆梦：把心中梦想写在专用的圆梦纸上，圆心梦共圆中国梦。

（2）班级活动——中秋吟月

①一、二年级：中秋歌谣传情意。（播放有关月亮的歌曲，感受中秋月圆的美好温馨）

②三、四年级：中秋灯谜享乐趣。（找有"月"字的灯谜，感受传统灯会灯谜的快乐）

③五、六年级：中秋佳句颂真情。（朗诵有关中秋月的古诗名句，感受诗人对家乡、亲人的思念之情）

（3）实践活动——中秋品月

①一、二年级：画中秋；

②三、四年级：中秋卡、画月饼；

③五、六年级：中秋报。

（4）亲子活动——中秋赏月

"弘扬美德圆中秋"亲子互动活动：

①帮父母做一样家务；

②与家人一起吃月饼；

③与家人一起外出赏明月。

4. 课例四：冬之藏

冬之藏

成都师范附属小学华润分校　张　悦

一、历史之趣，感受冬天文化——了解传统习俗

1. 冬至习俗

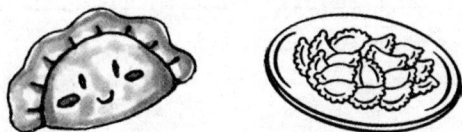

"饺"香情浓记录单

步　骤	过　程		备　注
采　购			
制　作	1. 皮：		
	2. 馅儿：		
	3. 包：		

续表

品 情	分享对象：	
	分享经过：	
心 得		

2. 元宵庆典——张灯结彩

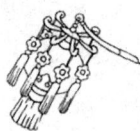

一盏灯的故事		备　注
设计花灯	种类：	
	故事：	
	寓言：	
制作花灯	步骤：	
	要点：	
花灯作品（可贴照片）		

第七章　红色场馆形塑党建引领学校课程开发的空间维度

2021年，伟大的中国共产党迎来了百年华诞。一百年来，中国共产党团结带领人民继续奋斗，创造了伟大历史，建立了伟大功业，铸就了伟大精神，形成了宝贵经验。习近平总书记在党史学习教育大会上指出："我们党历来重视党史学习教育，注重用党的奋斗历程和伟大成就鼓舞斗志、明确方向，用党的光荣传统和优良作风坚定信念、凝聚力量，用党的实践创造和历史经验启迪智慧、砥砺品格。"新时代赋予了教育新的内涵，在奋力实现国家"两个一百年"奋斗目标和中华民族伟大复兴中国梦的历史交汇点，成都师范附属小学华润分校全面贯彻党的十九大精神，秉持"华枝春满，润物无声"的办学理念，建设与完善新时代学校育人体系，在党建引领下，明确了"赤诚、阳光、丰盈"的师生发展目标。

学校以红色场馆为依托，富集教育资源、变革学习方式、锻造师者丹心，以课程为载体，弘扬爱国主义，厚植家国情怀，推进红色教育，全方位将教育理念融入在学校特色场馆的建设之中，特建立了爱国主义实践阵地——"晞光馆"。同时，依托成都这座养育我们生长的城市，我校秉持着对家乡故土的热爱，结合成都境内特有的生物资源，建成了成都市青少年野生动植物保护教育基地——"蜀景物趣"，切实把党建优势转化为发展优势，将党建引领落实到实践基地之中，从而带动学校整体稳步提升，高质量落实立德树人根本任务。

一、党建特色场馆建设的价值与意义

（一）党建特色场馆建设的价值

坚持党的领导、加强党的建设是学校人才培养的根和魂，基础教育工作更是需要加强党的领导以推动教育教学高质量发展。党建工作是学校管理与发展的根基。党建特色场馆的建设是学校爱国主义教育的重要阵地，也是树立学生国家认同、民族认同的重要途径。特色场馆作为面向全体师生以及部分校外人员的开放场所，是保存和展示学校特色党建的重要场域，是普及学校"念党恩、跟党走"的决心，也是科学展示学校技术知识的公共机构。成师附小华润分校以党建赋能教育提质，践行立德树人要求，担当为党育人为国育才使命，助力赤诚少年丰盈成长；以党建为引领，统筹推进各项工作的新机制，充分发挥党组织的政治核心作用，并建设以自然博物为主题的"蜀景物趣"博物馆和以红色传承为主题的"晞光馆"。

（二）党建特色场馆建设的意义

党建场馆因其本身丰富的历史性、时代性的特色资源，能够践行"以德树人"的根本路径和民族认同重要实践。学校党建特色场馆建设的实践价值包括课程建设、学习和教学三个方面：

其一，作为一种课程资源，是德育的重要延伸。在党建引领的大背景下，特色党建场馆课程资源的开发具有重要的现实意义和德育价值，场馆课程资源具有课程资源的形式多样性、价值潜在性、具体情景性等特点，符合小学阶段儿童身心发展特点，是不可或缺的可利用、可开发、可建设的德育课程资源。

其二，场馆中的学习，是学习方式的革新。作为一种典型的自主学习方式，场馆学习正成为学校学习以外重要的延伸学习方式。学生是积极主动的学习者。这种基于场馆的非正式学习方式，对变革传统学习方式、培养学生的自主学习能力和探究精神、培养终身学习习惯具有积极的作用[1]。

其三，真实场馆教育，是教学方式的拓展。从传统课堂讲授到真实情境体验，场馆为学生的自由探究提供生动、富有创造性的学习环境。学生在参观过程中能促进知识的获得、丰富知识、拓展视野和丰富体验，巩固和更新着学校教育成果，也发挥着场馆教育场景建构化的新教学方式的重要作用。

1. 课程资源建设的丰富——红色文化，特色课程

红色文化课程的建设是双向需要的过程。一方面，学校的特色课程体系建设，需要有红色文化的实物作为课程资源；另一方面，红色文化课程化是新时代特色主义中国化语境下中小学学科特色建设的必经之路。在学科教学和综合课程中渗透红色元素，通过深入挖掘国家课程和地方课程中的红色教育元素，将红色文化渗透到学科教学中，充分发挥红色资源的德育功能；在地方课程和校本课程中传递红色精神，传递更加贴近生活的乡土情怀教育。

2. 学习方式的革新——图像表征，驱动认知

场馆从学生视角出发，采用多元的图文表征激发学生学习动机，从而深度理解习得知识。场馆学习的过程具有自主选择性、主动探究性以及学习结果的多元性等特点，对学生的全面发展具有重要意义。概念架构，整体理解。场馆以红色教育为主题，溯源了党史、校史，呈现学校课程体系，树立身边榜样，为学生提供了清晰的思维支架。知识成系统成专题呈现，利于学生自主学习时整体感知，促进学生对红色基因的整体理解，激励学生挖掘革命历史，践行时代新风，做赤诚少年。文字组块，深度思维。场馆内的主题多以文字组块的形式，按时间先后梳理，流线型呈现，能够突破记忆保存的时限和容量限制，引导学生将零散的思维信息进行重组加工，便于学生进行专题化探究学习。学校场馆内的文字颜色、大小、排列、灯光映衬十分考究，促进学生快速聚焦、自主学习、深度理解。图像冲击，细节感知。场馆内用图片和影像方式还原红色历史场景、追溯学校发展历史、凸显身边榜样事迹、展示学校课程架构，图像的颜色、亮

---

[1] 王牧华，付积.论基于馆校合作的场馆课程资源开发策略[J].全球教育展望，2018，47（04）：42—53.

度、尺寸、方向、反差等细节呈现，刺激学生视觉感官，激发学生主动学习动力。学习方式从传统课堂讲授，转化为场馆参观体验、聆听解说、想象历史画面的情境浸入式学习。

3. 教学方式的拓展——情境教学，沉浸体验

场馆运用动态灯光、多媒体创设情境。将场馆从物理空间向信息空间延伸，向社会空间拓展，营造出基于真实情境的教育场域。促进学生将所学知识与一定的真实性任务情境联系起来，通过解决情境性问题和参与情境性活动，有效提高灵活迁移、运用知识的能力。其一，人机互动，让场馆学习更立体。应用智能化互动、多媒体互动、多环节互动，让我们的场馆语言更加精确，展现内容更加可控，教育体验更加多样。智能语音讲解系统覆盖全馆，通过移动互联网、GPS、WEB 等技术，以激光为触发条件实现分区讲解。其二，光影互动，让感官体验更真切。展现沉浸式互动，触控式互动，映像式互动，增强了课程内容的表现力、亲和力和影响力，促成集参与性、娱乐性、教育性于一体的互动导向式学习。VR 技术通过计算机模拟环境从而给人以沉浸感，采用精准的触压识别技术，配合流畅的触摸手感，自定义背景显示多重场景，3D Mapping 秀营造出奇妙的光影视觉效果。其三，远程互动，让认知体验更丰富。凸显网络＋教育信息互动，凸显场馆＋实践知行互动，学生在真实而广袤的时空中，参与线上与线下、个人与小组、虚拟与真实的多向融合的综合性学习，让认知体验更加丰富。

二、学校党建特色场馆建设的基本思路

（一）党建引领思想，场馆践行理想

在现代中小学校园文化建设之中，爱国主义是时代的主题，也是新时代背景下学校文化建设的必经之路。通过加强红色基因内容的融入，学生更为全面地认识和感受到中国共产党的引领作用以及党在中国革命、建设和新时代发展的关键、主体、不可替代的作用。就此，我校立足于对成都本土文化的理解，从城市到自然，从成都到四川，从地方到国家，场馆的建设凝聚了学校对于"道德教育""情感教育""生态教育"的落实，从课堂上对理论知识的学习再到实地体验和探究能够帮助学生更好地树立正确

的价值观念，更好地帮助学生建立家国情怀，因此我校党建特色场馆的建设成为学生全方面发展的关键性引导内容，由此来进一步落实党建工作的地位。

（二）珍存红色记忆，薪火代代相传

铸造红色之魂，培育时代新人。对于培养什么人、怎样培养人、为谁培养人，是党领导教育事业的根本问题。首先，学校特设场馆以晞光馆为核心，"晞光"既指清晨的太阳，也象征着孩子们沐浴在党和祖国的关怀下，快乐学习，健康成长。晞光馆主要呈现了学校在党建引领下，用"五步工作法"为路径对新时代育人体系的建设与完善。"一脉"指文化建设，"两促"聚焦课程建设，"三联"彰显学校开放办学的特色，"四新五带头"明确了教师队伍建设的目标与方式。以"五步工作法"落实党对学校工作的全面领导，着力培养以德为先、全面发展的社会主义建设者和接班人，落实立德树人的根本任务。"晞光馆"的设立，可让学生打破传统的爱国学习模式桎梏，以"走—听—看"三联的模式更加生动活泼的方式触动学生的感官，让学生更深刻地体会到爱国情怀不应该只是纸上谈兵的空想，而应将其融入自己的一言一行中。以红色教育为中心扩展该课程教育内涵，课程目标紧扣"爱国情怀、传承红色基因"。在新时代背景下，以社会主义核心价值观为基础，努力培育具有家国情怀的新时代好少年。晞光馆以"不忘初心，致敬时代"为设计源头，这既是新时代的教育使命，也是学校教育主动回应时代的昂扬姿态。场馆呈现了双向交流、互动影响的特点，目的是激发孩子参与的内驱力，进而深度挖掘展品背后的人文精神与科学价值。场馆内部由两室一廊组成，即"党员活动中心""不忘初心，致敬时代"教育展厅以及学校党建特色走廊，并由红色记忆、昂扬旋律、时光深处、薪火相传、榜样力量、红色长廊六个板块组成。

（三）蜀景平沙万幕，蓉城物趣百态

依托对四川家乡这片故土的热爱，我校现建有自然场馆，取名为"蜀景物趣"。"蜀景"意为蜀地之风景，"物趣"具有探索大自然的趣味之意。有诗云："九天开出一成都，万户千门入画图。"成都的生物资源丰富，是全球 36 个生物多样性热点地区之一。调查数据显示，全市已记录的高等

植物有 264 科 1224 属 3390 种，占全国种数的十分之一，占全省种数的三分之一。成都可谓是名副其实的"西部花园"[1]。"蜀景物趣"博物馆与"晞光馆"展览馆一脉相承，围绕场馆，学校开设了一系列课程。多样化的博物馆课程，让师生在观赏、体验、互动中更加了解家乡，让爱科学、学科学、用科学的实际行动成为我们爱国热情的具体表达。目前馆内展示了四川成都境内代表性的野生动植物，展示图片 96 张，物种数目 138 种，标本数量 210 件。场馆面积约 300 平方米，包括四个展厅，分别是四时百物、丛林物语、身临奇境、光影时空。

三、学校党建特色场馆建设的内容体系与空间设计

（一）学校党建特色场馆建设的内容体系

晞光馆的展厅主题为"不忘初心，致敬时代"，也是整个展厅的主题。"不忘初心　牢记使命"是党和国家对广大青少年和教育工作者的殷殷期盼。"致敬时代"既是学校教育主动回应时代的一种姿态，也是学校培养学生的预期。

1. 爱国主义实践阵地——晞光馆

晞光馆的内容体系由红色记忆、昂扬旋律、时光深处、薪火相传、榜样力量、红色长廊六个篇章组成，详情如下表。

表 7-1　晞光馆内容体系

爱国主义实践阵地——晞光馆内容体系			
序　列	主　题	板　块	内　容
第一篇章	首篇启程 红色记忆	3D Mapping 秀区域	致敬革命先烈，重温革命历程
		长征精神地图区域	学习长征历史，弘扬长征精神
		文创作品区域	《红色小脚印研学手册》
		触控一体机	中国精神、网络平台、网上展馆、百年党史

[1] 李彦琴.成都位列全国生物多样性最丰富城市[EB/OL].http://sc.cnr.cn/sc/2014cd/20180522/t20180522_524242703.shtml，2018-05-22/2021-11-14.

续表

爱国主义实践阵地——晞光馆内容体系			
序　列	主　题	板　块	内　容
第二篇章	时代旋律 气宇昂扬	新时代精神	中国共产党人的精神谱系
		社会主义核心价值观	将社会主义核心价值观融入各级各类学校课程
第三篇章	时光深处 不忘初心	溯源学校历史	传承伟大精神，铸造爱国基因
第四篇章	薪火相传 少年自强	"新三适"课程	适应性、适融性、适变性
第五篇章	榜样力量 齐心向上	多元化的评价体系	"三类五阶一综合"
第六篇章	不忘历史 驻守长廊	互动体验区浩然堂	电子阅览区的海量资源
	师生共育 教学相长	"四新"教师工作室	新思想凝心、新作风交心、新行动壮心、新技术动心

2. 自然保护教育基地——蜀景物趣科学馆

蜀景物趣科学馆与晞光馆一脉相承。在学校顶层设计的引领下，"四季"课程实施充分运用好学校的"蜀景物趣"生物多样性科学馆，围绕成都不同地理位置的地形地貌和四季物候变化，有针对性地进行二十四节气课程。其中"四季"即春之生、夏之长、秋之收、冬之藏，包括"四季与自然""四季与节庆""四季与科学""四季与文艺""四季与劳动"几大板块，用自然之道象征学生成长，用自然之名丰富学生认知，用自然之力锤炼学生品格。通过多样化的科学馆课程，传承"天人合一"的文化基因，培育人与自然的生命共同体；领会绿色发展的理念精髓，养成社会主义生态文明的品性；感受"美丽中国"的情景图像，深化热爱社会主义祖国的感情，使我们在观赏、体验、互动中更加了解家乡，让爱科学、学科学、用科学的实际行动成为我们爱国热情的具体表达。

表 7-2 蜀景物趣内容体系

自然保护教育基地——"蜀景物趣"内容体系		
板块一 探索自然 和谐共处		
主 题	课程目的	课程内容
四时百物,生态之城	爱自然,爱生活	认识家乡特有的珍稀生物,如布谷鸟、大熊猫、金丝猴等。
丛林物语,万物共生	爱家乡,爱成都	了解生物从水生到陆生的演化过程,如蓝吻鳉鲅鱼是于 2020 年才发现的新物种,目前只在成都发现,属于极度濒危物种。
板块二 体验科技 置身川蜀		
主 题	特 色	举 例
身临奇境,体验川蜀	石墨烯互动墙	例如:从墙上,可了解到成都不同海拔地区所生活的动物和植物,轻轻一拍,墙上就会出现海拔 2400 米到 3400 米处生活的大熊猫、箭竹、川金丝猴等动植物。
光影穿梭,科技时空	3D 投影	例如:可通过 3D 投影"真实感受"大熊猫,与"活化石"和"中国国宝"来一次亲密接触。

(二)学校党建特色场馆建设的空间设计

1. 晞光馆的空间设计

晞光馆坐落于成师附小华润分校教学楼顶层,序厅、展厅、互动电子设备,再配以博物馆特有的静谧氛围,搭配着标志性的"党建红",显得颇为庄严肃穆。晞光馆由两室一廊组成,其中主要陈列包括牌匾、红色长廊、红色记忆、时光深处(办学历史)、薪火相传、榜样力量、浩然堂体验区等。

（1）匾牌

图 7-1 匾牌

（2）红色长廊

主要呈现了学校在党建引领下，以"一脉两促三联四新五带头"五步工作法为路径的新时代育人体系的建设与完善。

（3）红色记忆（第一展区）。

①3D Mapping 秀区域

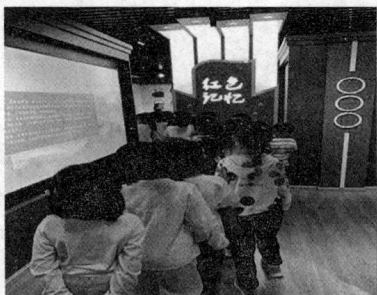

图 7-2 3D Mapping 秀区域

②长征精神

图 7-3 长征精神

③触控系统

图 7-4   触控系统

（4）昂扬旋律

①新时代精神

走过红色记忆，迈进昂扬旋律。奋进百年路，孕育了丰厚的精神资源，续写着中国共产党人的精神谱系。如勤俭节约、甘于奉献的"雷锋精神"，最美逆行者的"抗疫精神"，辛勤、诚实的"劳动精神"，艰苦创业、开拓进取的"兵团精神"。

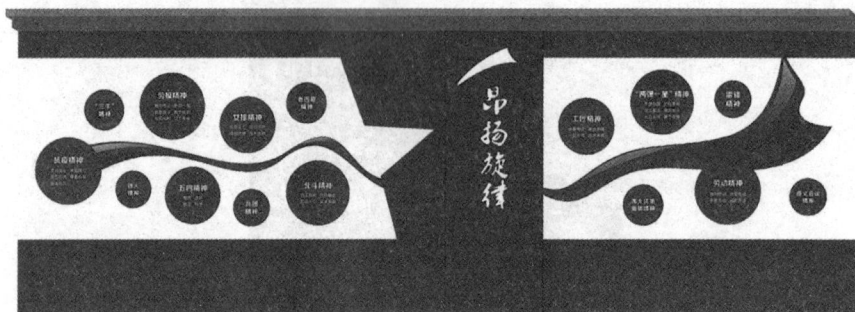

图 7-5   昂扬旋律

②社会主义核心价值观

新时代精神以社会主义核心价值观为价值引领。习近平总书记指出，要将社会主义核心价值观融入各级各类学校课程。学校将其融入思政课堂、班队活动，开展了"我的中国梦"演讲、"法典晨读"、"童心向廉"剧本表演等活动，全校师生围绕社会主义核心价值观，说认识、谈感悟、重践行。

图 7-6　社会主义核心价值观

（5）时光深处

传承伟大精神，溯源学校历史。1908 年，陆慎言怀着教育救国的思想，变卖家产，创建了淑行女子学堂和小学部，拉开了"赤诚附小，百年留声"的序幕。附小"勤、洁、公、实"的校训和华润企业"传承红色基因"的历史，铸就了成师附小华润分校"爱国""赤诚"的血脉基因。

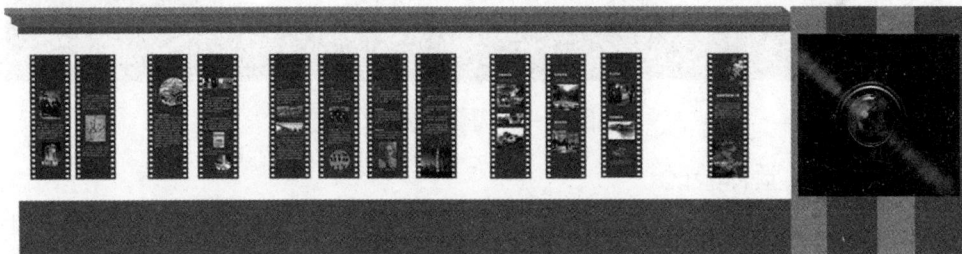

图 7-7　时光深处

（6）薪火相传

学校的荣誉展区，希望以此激励孩子们奋发向上，今天我以学校为荣，明天学校以我为傲。

143

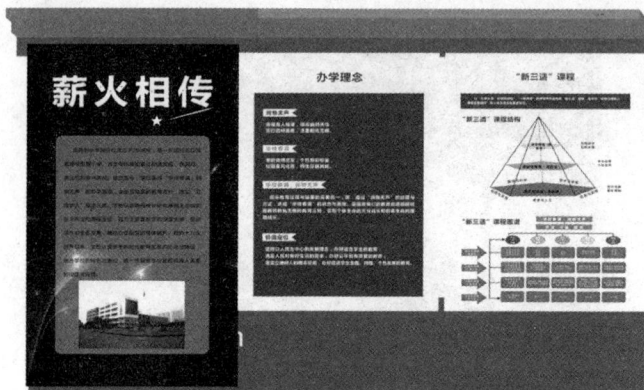

图 7-8　薪火相传

（7）榜样力量

从小扣好人生第一粒纽扣，努力成长为担当民族复兴大任的时代新人。我们以榜样力量激励少年儿童成长。这一板块呈现了新时代好少年；新时代奋斗者是家长、社区和企业的代表；华润好少年即晞光少年；华润好教师是教师的优秀代表。

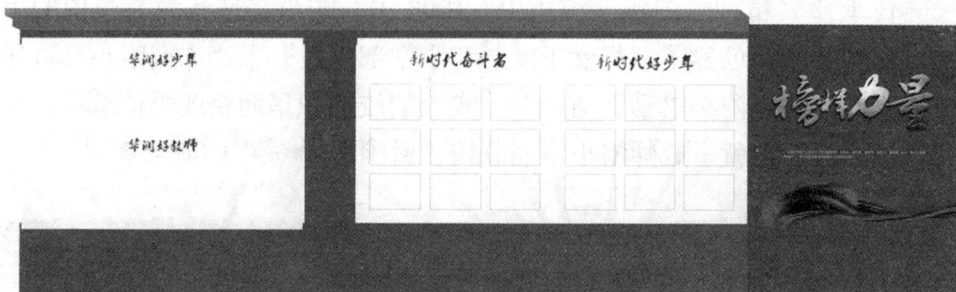

图 7-9　榜样力量

（8）浩然堂体验区

浩然堂集阅读、观影、游戏、答题、VR 体验等多种功能于一体，共有电子图书 5000 余册、影片 100 余部、题库 2 个、游戏 2 个、红色 VR 体验项目 35 种。

2."蜀景物趣"的空间设计

"蜀景物趣"生物多样性科学馆。在学校顶层设计的引领下，"四季"课程实施应充分运用好学校的"蜀景物趣"生物多样性科学馆，围绕四时百物厅的成都不同地理位置的地形地貌的四季物候变化，有针对性地进行二十四节气课程的讲授。

图 7-10 "蜀景物趣"野生动植物保护教育基地

四、学校党建特色场馆应用的实践策略

场馆建立之始，教育功能就成为其不可或缺的一部分，并主导场馆其他活动的开展。教育作为场馆的重要属性，不仅缘于其百年之余的事实存在和社会赋予场馆的文化担当，更为重要的是始于场馆自身所体现的教之本质，即"展品即知识""参观即学习""场馆即教之域"[1]。学校党建特色场馆的建设是以时代为主题、以文化为引领，以育人为中心，立足于五育协同发展，而场馆的实践策略应落脚于整合课程之中。课程整合是学科多元发展的前提，整合课程是"双减政策下"实现五育并举、协同发展的必经之路。《基础教育课程改革纲要（试行）》规定义务教育阶段的课程结构应调整为小学阶段以综合课程为主。2001 年，我国新一轮的国家基础课程改革正式启动，教育部制定的《基础教育课程改革纲要（试行）》中首先确立了课改的核心目标即课程功能的转变：改变课程结构过于强调学科本位、科目过多和缺乏整合的现状。我国 2010 年颁布施行的《国家中长期教育改革和发展规划纲要（2010—2020）》对课程整合做了进一步明确的规定[2]。成师附小华润分校借助于晞光馆和蜀景物趣两个特色场馆借助结构，实现有效融合的课程建设，从整合教育资源、项目式推进和五育协同发展三个方面展开。

---

[1] 王乐，涂艳国. 场馆教育引论 [J]. 教育研究，2015，36（04）：26—32.
[2] 基础教育课程改革纲要（试行）[N]. 中国教育报，2001-07-27（002）.

（一）建设开放的场馆，富集教育资源

1. 集中呈现，信息共享

（1）图文展陈

展厅的陈列采用了串联的方式，通过红色记忆、昂扬旋律、薪火相传、榜样力量等板块，将革命精神、时代精神、学校办学历史、身边榜样事迹、学校课程架构等作了集中呈现，使得空间序列具有一定的灵活性。图文的展陈让学生深入挖掘革命历史，溯源学校红色基因，深化展示内容的内涵和外延。其中五大红色精神的内容按时间序列排列，还原了历史的脉络，让红色信息资源的线条更清晰。

（2）电子影像

在场馆内，多媒体富集资源，为学生开拓宽广视野。革命先烈的感人故事通过影像的方式一幕幕还原。"红船精神""井冈山精神""长征精神"等红色历史诠释着中国共产党的过去、当下、未来长久不竭的精神动力。浩然堂内储存了孩子们红色实践活动资料，党史故事、红色剧目、红色歌谣、红色舞蹈等多元的校级爱国主义教育视频是孩子们爱国主义的具体体现，也是红色教育的校本化资源。

（3）云上场馆

学生通过场馆的学习终端可以链接多种类型的红色资源库，如智慧党建红色文化厅、反腐倡廉警示教育厅、党史学习数字展厅、红色数字图书馆、各级教育资源云平台等。丰富的数据资源库，与红色场馆形成良好互动，促进了学生自主学习、主动探究、深度思考。

2. 活化展示，身临其境

（1）技术让资源活化

3D Mapping SHOW，VR技术通过计算机模拟提供沉浸式环境，活化资源，让学生获得更真实的学习体验。戴上VR眼镜，学生可以在这里入情入境地体验"飞夺泸定桥""红军过草地"等情境，从而深刻地感受革命先辈的伟大精神，更加珍惜今天来之不易的幸福生活。

（2）场馆让课堂活化

场馆是生动的课堂，是一个立体的百科全书。场馆教学从教学内容、教学形式、训练方法等方面活化课堂。场馆内图文并茂的呈现、技术的支持，实现教学内容活化；通过参观、体验等手段让学生获得认知，实现教

学方式活化；通过场馆教学、云端资源链接、课外研学等途径，实现训练方式活化。将课堂延伸到场馆内外，让学习走向直观而亲切、真实而深刻的课堂。

（3）导览让展品活化

红色文化内核蕴藏于展品中，学校借助形象的辅助展品，如实物、图文等，将展品背后的故事生动形象地讲述出来，契合了学生的兴趣点。此外学校对展品进行深加工，充实相关信息和材料，组成一系列图文并茂、声色俱佳、趣味性强、解释度高、富有情节性的展品主题区。讲解团队通过生动的语言，揭示展品背后的故事，让静态的展品"动"起来。

3. 多向链接，动态转换

（1）链接数字平台

学校充分开发互联网的优势，将场馆的党史教育及宣传与网络传媒有机融合，重视线上与线下教育，利用网络传播速度快、覆盖范围广的线上宣传优势，拓宽场馆党史教育的覆盖面、提高知识习得的有效性。平板电脑学习终端、查询系统，多媒体触屏系统链接海量资源，为学生提供了大量的电子阅览图书、图片、题库、红色视频、少先队知识学习库、榜样故事等，以供学生自主进行动态的资源转化。

（2）链接学生课程

场馆作为学校红色教育基地，为学生爱国主义教育课程提供了丰富的资源，链接学生思政课、语文课、美术课、音乐课等适应性课程，融合英雄故事会、我的中国梦等适融性课程。课程的动态转化，使爱国主义教育资源获得了时间上和空间上的延伸。

（二）立足项目，深度感悟

在重要纪念日、传统节日、节假日开展少先队主题活动。深入学习宣传贯彻落实党的十九大精神及习近平总书记对少先队员的寄语精神，开展丰富的少先队主题活动。其中最重要的是"综合实践活动课程"，通过参观学习晞光馆、看红色电影等，激发学生的爱国热情，还可根据不同年级展开"红色主题活动课程"，即一年级在学生入队时组织学习"五大精神"；二年级通过观看小故事，学习社会主义核心价值观；三年级学习习主席用典，通过书籍阅读，激发学生学习新思想，学做时代接班人；四年级通过观看红色电影，学习英雄故事；五年级学习五育并举，在晞光馆开展劳动教育实践、美育手工制作等五育实践活动；六年级通过榜样力量学习和毕业寄语、留言，忆苦思甜，让革命精神薪火相传。

传统的学校教育空间已难以承载新教育观下的学习活动，新的学习需要广泛的实践活动进行支撑。学校以项目式、单元式或主题式活动为基本网络架构，围绕红色主题进行跨学科设计，组织场馆内外实践体验，链接学生的生活实际，通过整合的设计来帮助学生习得知识。

（三）德育为先，思政融合

"课程整合"成为我国课程改革的一个关键转折点和突破口，而特色场馆的融合课程作为课程整合下的一部分，是一种跨学科的课程整合。它将独具特色的整合课程空间从传统的教室、课堂置身于情境式的体验馆之中。根据德育的全面性、综合性、广泛性特点，根据晞光馆特色场馆的结构，可开展的整合课程的形式及内容包括两个板块，一是基于创新式场馆体验的道德与法治课程，二是少先队的活动课程。

1. 基于创新式场馆体验的道德与法治课程

热爱祖国、热爱中国共产党是小学道法课程中的核心价值观念，关乎学生的成长方向和理想信念的确立，是学生精神发展的"主心骨"。它既不同于传统课程的"教师教、学生学"的教学模式，而是让学生在探访实践中触摸"红色信仰"之光芒；也不同于传统的课堂学习模式，让学生接受深入人心、触景生情式的爱国主义教育。小学思政课程实施的"主阵地"是道德与法治，创新道法课程实施新机制，努力实现四个突破：突破静态教师课程团队、突破静态的教材内容、突破课堂时间与空间、突破知识架构的实施。转变为静态与动态相结合的团队实施方式，转变为以活动和知识学习相整合的、转变为教室与晞光馆与博物馆相结合的多元道法课堂阵地，转变为以大单元为主题，以大讲堂、大活动为形式的道法实施新模式。建立"常规课堂＋特色课堂"（7+3）的机制，建立不同年级的道法特色课程主题。其中选修课程集合"五大精神"开展课程，班级类型包括故事班、手工班、国画班、话剧班、书法班等，具体内容包括讲英雄故事、泥塑、剪纸英雄形象、画出我心中的英雄、演红色故事、红色歌曲学唱、英雄人物名言名句书写等。前文列举的道德与法治的课例"学习长征历史、弘扬长征精神"，就是运用场馆资源进行的课程教学，取得了非常好的教学效果。

2. 基于场馆资源创新式的少先队活动课程

首先，学校党建的内涵也应体现在育人方面，就是要把党的教育方针全面贯彻落实到学校教育教学工作的各个方面，将政治立场、文化传承、价值观教育与学校教育教学实践融合融通。基于课程思政的理念，少先队活动课程的建设也应渗透到学科课程及其他综合实践活动课程中。少先队活动课程应充分围绕人生的重要时间节点和重大纪念日，开展清明日扫墓、入队日、十岁礼、毕业季、建党日、"九一八"、端午日、国庆日、长征胜利等节点纪念活动。在庄严肃穆的氛围中，在隆重的仪式中，给孩子们留下温馨难忘的帧帧画面。

其次，少先队是中国共产党创立和领导的少年儿童群团组织，是少年儿童学习中国特色社会主义和共产主义的学校，是建设社会主义和共产主义的预备队。从少先队活动课程的内涵及课程结构来看，将少先队活动课程作为学校活动课程的一个类型，体现其课程内容的政治性、组织方式的多样性、内容的综合性等。《少先队活动课程指导纲要（试行）》指出，少先队活动课程的目标与内容应紧紧围绕组织意识、道德养成、政治启蒙、成长取向等四个方面展开。我校以晞光馆为核心，找准课程核心点，扩大课程资源，延伸课程覆盖面，全员参与，全面参与，分阶段、分重点地推进"一脉"课程的实施，开展红色教育。如学校围绕"一脉""四季"的特色课程内容，开展了"民主我建言""英雄故事会""红馆光影记""服务小达人""我的中国梦"等特色主题活动，厚植家国情怀，传承一脉红色基因。例如，前文所列举的少先队活动课例"党和人民心连心"，就是少先队活动课程运用晞光馆这一红色场馆资源进行的课程设计。

最后，对少先队员实施的具有政治性和儿童性的教育内容，即本研究将重点在课程思政的途径上进行探索，形成和完善党建引领下的学校先锋课程体系，及将先锋课程内含的精神力量转化为学生的情感认同和行为习惯的实施路径及方法。学校以场馆为中心进行辐射，拓展渠道，拓宽视野，深入开展党建带团建、队建的少先队工作机制。在深入开展少先队活动课程中，让学生了解我国基本政治制度；初步体验中国式民主，培养当家作主的意识；关注时事、服务他人，成为团结向上、积极进取、勇于创新的形成个体和群体。

五、运用红色场馆促进课程教学改革的课例分析

（一）课例一：中国梦，我的梦

中国梦，我的梦

成都师范附属小学华润分校　李中奇

本课在我校晞光馆中进行授课，重点引导学生理解新时代中国发展的方向与伟大目标。运用场馆中图像、文字、视听材料等资源，拓展学生对新时代中国建设的认知，为学生创造身临其境的感受，强化学生的体验。

1.课程类型：道德与法治课。

2.活动目标。

（1）引导学生了解中国梦的背景：十八大以来以习近平为核心的党中央勾画的实现中华民族伟大复兴的中国梦。

（2）引导学生认识到中国梦的含义：既是中华民族伟大复兴的梦，也是与每个人息息相关的梦。

（3）引导学生认识怎样用自己的力量助力实现中国梦：明确自己作为新时代青少年肩负的使命和对国家未来发展所承担的责任。

（4）明确如何做一个新时代好少年，激励学生立志向上，明确自己的奋斗目标。

以下用表格的形式来介绍课程的具体内容。

课程环节	教学活动	课程准备	课程目的
导入环节：走进新时代	师：孩子们，你们有梦想吗？你们的梦想是什么？ 生1：…… 生2：…… 生3：…… 师：奇奇老师很开心分享孩子们的梦想。（师板书：我的梦）那你们知道我们的祖国有什么梦想吗？（中国梦！）		

续表

课程环节	教学活动	课程准备	课程目的
	师：（板书中国梦）经过全国各族人民长期努力，我们的国家进入了发展的新时代。这个时代见证了国家的巨大变化，你们知道有哪些变化吗？ 生1：深圳从小渔村变化成为国际大都市； 生2：从前的绿皮火车被高铁、动车取代； 生3：2018年我国建成全球最长的港珠澳跨海大桥…… 没错，这就是新时代。正如习近平爷爷所说：今天，我们比历史上任何时代都更接近、更有信心和能力实现中华民族伟大复兴的目标。现在，就让我们一起走进课堂——《中国梦，我的梦》。	教学PPT	引导学生在今日往昔的对比中感受什么是新时代，新时代中国的变化，以及如何才能让中国梦一步步实现。
活动一：认识新时代的中国梦	师：同学们，你们知道中国梦是谁提出来的吗？ 生：是习近平爷爷提出来的。2012年11月29日，习近平爷爷在参观国家博物馆"复兴之路"展览的过程中，第一次提出了"中国梦"这个概念。 师：那什么是中国梦呢？ 生1：中国梦是中国人的梦。 生2：中国梦是我们祖国的梦。 生3：…… 师：同学们说得不错。习近平爷爷在十九大上将"中国梦"的核心目标概括为"两个一百年"，让我们来看看习爷爷的讲话。第一个"一百年"是建党一百年时，全面建成小康社会；第二个"一百年"是到新中国成立一百年时，基本实现现代化，建成富强民主文明的社会主义现代化强国。这就是我们新时代的中国梦。	1. 学生查资料：什么是中国梦？中国梦是谁提出来的？ 2.PPT展示习近平讲话 3.在晞光馆进行教学	—
活动二：认识我的中国梦	师：是啊，中国梦多么伟大啊！那么在你们的眼里，中国梦是什么样的呢？ 生1：我心中的中国梦…… 生2：…… 生3：……	—	—

续表

课程环节	教学活动	课程准备	课程目的
	师：听了同学们的分享，我们发现不同的人对中国梦有不同的理解。那我们身边的人是不是也有属于自己的中国梦呢？在课前，同学们围绕这个问题对身边的人进行了采访。接下来，让我们来听听各小组的汇报吧。 第一小组汇报：采访老师、同学； 第二小组汇报：采访家人，如父母、爷爷奶奶等； 第三小组汇报：采访学校工人、社区工作者。	1. 师准备采访提纲 2. 分小组分类采访 3. 学生拍摄采访视频 4. 课堂播放视频，现场汇报	引导学生利用调查采访的方式了解身边的人对中国梦的理解，帮助自己进一步理解中国梦的内涵
	师总结：谢谢同学们的精彩汇报！通过这些采访我们发现：人人都有中国梦。中国梦不只是中华民族的伟大复兴梦，还是每个人的梦，更是我们新时代少年的梦！	—	—
活动三：铭记责任 肩负责任	师：我们是新时代的少年，是祖国的希望，为了实现中国梦，国家对我们有怎样的期望呢？下面让我们一起读读毛主席给青少年的寄语P94。（《世界是属于你们的》） 生：谈体会	PPT展示《世界是属于你们的》	让学生树立家国责任意识
	师：除了国家，爸爸妈妈老师们也对我们寄予厚望。对于我们的成长，他们有哪些期待呢？前期，同学们分小组进行了采访调查，让我们来听一听各小组的分享吧。 第一小组：采访老师。 生1谈感受：老师对我们寄予期望，我感到很有斗志和力量…… 第二小组：采访家长。 生2谈感受：我觉得父母们很关心我们的成长，我感到很幸福…… 第三小组：采访校长。 生3谈感受：校长的话给了我们很大的鼓励……我感到一种责任感油然而生	1. 师准备采访提纲 2. 师分采访小组 3. 学生拍摄采访视频 4. 学生口头汇报+播放采访视频	让学生从身边的期望感到责任担当的紧迫感

续表

课程环节	教学活动	课程准备	课程目的
	师：谢谢同学们的精彩汇报。无论是老师、家长还是学校，他们都对我们寄予厚望，这种厚望就是一种责任。作为新时代的好少年，我们是实现中国梦的主力军，需要时时刻刻铭记这份责任。	—	谈话启发学生责任感
	师：但在实现中国梦的途中，我们会遇到很多艰险困难。例如，今年疫情来袭，就给我们带来了巨大的挑战。为了克服这些困难，不同的人承担着不同的责任：医护人员肩负着救死扶伤的责任，警卫叔叔们肩负着保家卫国的责任……作为新时代少年的我们又肩负着什么责任，为抗疫做出了哪些努力呢？ 　　生1：在疫情期间，我坚持佩戴口罩，锻炼身体，自主学习。我想用力所能及的小事为抗疫出力。 　　生2：在疫情期间，我看到了抗疫前线的叔叔阿姨们无私奉献，很感动。为他们画了一张小报，表达我的敬佩之情。 　　生3：我为白衣天使写了一首小诗，赞美他们的伟大的精神！ 　　师：太棒了，同学们！老师非常感动。你们虽然年纪小小，但是已经懂得了用自己的行动承担一份责任，为祖国加油。当咱们这样做的时候，中国梦就不是一句高昂空洞的口号。	1. 准备抗疫小报 2. 准备赞美抗疫的小诗 3. 学生回答	让学生结合生活实际谈"我为实现中国所做的努力"，认识到：实现中国梦，需要每个人肩负起自己的责任，实现自己的梦想
活动四：立志做新时代的好少年	师：少年强则国强，少年进步则国进步。在实现中国梦的新时代，我们要怎样做一个新时代的好少年呢？（板书：做新时代的好少年） 　　师：接下来请同学们来到活动园地，结合前期的采访调查以及自我反思，为自己制订一份"成长计划"，然后上台汇报，时间5分钟，开始。 　　生1：…… 　　生2：…… 　　师：谢谢同学们的精彩分享。通过你们的分享，奇奇老师真切地看到了新时代好少年的模样	1. 教师PPT 2. 学生讨论 3. 学生填表 4. 学生汇报	为争做好少年立志向，明目标

续表

课程环节	教学活动	课程准备	课程目的
课堂总结	师：筑梦中华，人人有责。我相信，通过今天的这一堂课，在座的好少年们心中已经埋下了一颗梦想的种子。在以后的学习生活中，让我们把语言化成行动，把梦想变成现实，向新时代的中国梦出发吧。 今天的课就上到这里，谢谢同学们。	—	—

（二）课例二：伟人的足迹——陈毅元帅

伟人的足迹——陈毅元帅

成都师范附属小学华润分校

罗域菀　王　捷　田　静　张馨予　佘　润　张　渝

主题	伟人的足迹——陈毅元帅
目标	1. 了解井冈山及其精神。 2. 通过欣赏、朗诵井冈山诗词，加深学生对井冈山精神的理解。 3. 联系实际谈感受，用井冈山精神来鼓舞学生争做新时代好少年。
过程设计	一、开篇引题 播放视频，引出主题。 （视频内容关于井冈山精神等） 师：今天，我们就一起走进井冈山，通过诗词感受井冈山。 二、走进井冈山 1. 欣赏毛泽东《水调歌头·重上井冈山》 　　久有凌云志，重上井冈山。千里来寻故地，旧貌变新颜。到处莺歌燕舞，更有潺潺流水，高路入云端。过了黄洋界，险处不须看。 　　风雷动，旌旗奋，是人寰。三十八年过去，弹指一挥间。可上九天揽月，可下五洋捉鳖，谈笑凯歌还。世上无难事，只要肯登攀。

续表

过程 设计	1927年10月，毛泽东率秋收起义部队上井冈山，开辟了工农武装割据道路，并沿着这条农村包围城市的道路取得了中国革命的胜利。1965年5月，毛泽东又重上井冈山。阔别三十八年，他感慨良多，诗兴大发，写下这首词。"三十八年过去，弹指一挥间"两句，饱含丰富的历史与感情的内涵。词人两次上井冈山，时间跨度达三十八年之久！这三十八年，从个人以及中国革命的历史看，该是多么漫长啊！但从宇宙的历史看，从时间无限的角度看，它又仅仅是一瞬间。从这两句，可以看到毛泽东对宇宙和历史的俯视感，从而窥见其博大的情怀。继而"可上九天揽月，可下五洋捉鳖，谈笑凯歌还"三句，则充满了理想主义色彩，进一步衬托出了词人敢于斗争、敢于胜利的豪迈气概。作为一代伟人，毛泽东面对困难镇定自若，"谈笑凯歌还"形象地显现了他的气度与风采。最后两句"世上无难事，只要肯登攀"，从俗语化出。词人由登黄洋界以及对革命斗争历史的回顾，升华出这样饱含着深刻哲理的词句，既是作者重上井冈山的最大感受，也是此词的核心的思想情感。 　　2. 各小组分享关于井冈山的诗词及其相应创作背景等 　　还记得那些战火硝烟的岁月吗？还记得那些为新中国事业抛头颅、洒热血的革命先烈吗？红色故地井冈山会带你走进一个令人激动而奋进的时代。 　　可参考诗歌： 　　　　　　　　**井冈山颂** 　　　　巍巍井冈， 　　　　五百里雄伟壮观的山川。 　　　　千里云海像大海的波涛， 　　　　孕育了多少英雄豪杰。 　　　　满山的常青松柏， 　　　　像征着无数革命先烈， 　　　　英魂长存！ 　　　　黄洋界的炮声， 　　　　震撼着五百里山川， 　　　　震撼着祖国大地， 　　　　震撼着全世界！ 　　　　红米饭， 　　　　南瓜汤， 　　　　餐餐味道香。 　　　　这是红色根据地的歌谣， 　　　　也是革命战士生活的写照。 　　　　星星之火，可以燎原。

续表

过程设计	这是伟人毛泽东的声音， 也是革命豪情的抒怀！八角楼的灯光， 照亮了革命战士的心灵， 照亮了无产阶级革命的前进道路。 你看那： 漫山遍野处处春光， 翠竹点头，溪水欢唱， 万丛百花齐开放。 山川，峡谷瀑布急流而下， 如万马奔腾驰骋疆场。 春风吹，春雨下， 千万张笑脸迎太阳， 太阳就是毛泽东， 太阳就是共产党。 英雄儿女千千万， 闹翻身，求解放， 跟着毛主席指引的航向， 奔向革命胜利的前方！ **红色井冈山** 走进红色圣地 聆听革命历史 井冈山上杜鹃花开 革命烈士鲜血灌溉 每一片山脉　都有枪林弹雨 每一寸土地　种下烈士遗骸 井冈山的硝烟　燃烧大地 血染的风采　壮烈天涯 红色圣地　革命摇篮 从井冈山的烽火到长征路上 充斥着那些年 抛头颅洒热血 英勇奋斗的先烈们 英雄年代英雄辈出 生命的旗帜　血染 红色的土地　热血井冈山

续表

过程设计		井冈山会师　朱毛握手 大地席卷　星火燎原 战争的烽烟　车轮滚滚 鲜红的旗帜　迎风飘扬 红色的历史　红色革命 巍巍井冈山　如巨大城堡 五大哨口　似历史长廊 层峦叠翠　天佑中华 井冈山精神　源远流长 **红色的风** 红色的风　吹拂 松柏长青　巍巍井冈 五百里山川　雄伟壮观 井冈攻略　热土飞扬 红色革命　红色浪潮 翻一幅历史画卷 英雄本色　英雄史诗 黄洋界上　硝烟弥漫 吃一碗红米饭呀 舀一碗红井水 不忘初心　牢记光荣使命 缅怀先烈　弘扬井冈精神 险峰无限　五指擎天 罗霄山脉　红旗漫卷 井冈山上烽烟起 天安门上红日升 以史育人　真情实感 井冈精神　代代相传 那个《红军阿哥你慢慢走》 唱响新时代 魅力井冈山 改革的春风　席卷 歌唱圣地《十送红军》 一送（里个）红军（介支个）下了山…… 青山叠翠　雾海层峦

续表

过程 设计	井冈山的歌呀　哪个红艳艳 喝一碗南瓜汤呀　笑呀笑心甜 井冈山的酒呀　哪个醇呀醇 醉倒在希望的田野 徜徉在热土　幸福安康 清新的世界　浪漫井冈 **红色土地** 当我踏上这片土地 我看见流淌的红色在风中飘扬 军旗猎猎，军号嘹亮 枪林弹雨中，前仆后继 挺起最坚定的信念—— 只有枪杆子，才能迎接 喷薄而出的朝阳 走进每一处山岗 阳光照耀的露珠里 都有一段故事在闪烁 就是路边的小草 也能告诉你英雄走过的足迹 不管是三月还是八月 **念奴娇·井冈山** **毛泽东** 　　参天万木，千百里，飞上南天奇岳。故地重来何所见，多了楼台亭阁。五井碑前，黄洋界上，车子飞如跃。江山如画，古代曾云海绿。 　　弹指三十八年，人间变了，似天渊翻覆。犹记当时烽火里，九死一生如昨。独有豪情，天际悬明月，风雷磅礴。一声鸡唱，万怪烟消云落。 三、精神行动践行 1. 通过这节课的学习，你有何收获？可以用一节小诗、词或几句话表达。 2. 齐唱《走进井冈山》，深化情感。

续表

课程亮点	1. 在晞光馆中开展教学，提升学生身临其境的体验感。 2. 用视频引入，其中包括了对井冈山及其精神的介绍，激起学生学习兴趣。 3. 各小组分享自己查找的诗词及相关内容，体验感会更强。

说明：本课在我校晞光馆中的"红色记忆"这个场馆空间中进行授课，重点引导学生理解中国共产党人的艰苦奋斗历程，尤其是通过陈毅元帅及井冈山根据地真实事件的呈现，来加深学生对井冈山精神的理解。本课改革的重点在于，对比以往的讲授型课程，将上课空间更换到晞光馆这样的"红色"场馆中，学生的感受、体验是否会有不同？通过课后的访谈，学生对于此次课堂教学印象深刻，对于多元立体呈现的伟人精神有更为丰富的理解。学生的体验层次更为丰富了。

（三）课例三：弘扬延安精神　争做四有新人

弘扬延安精神　争做四有新人

成都师范附属小学华润分校　王芊文

目标	通过本次特色思政课，使学生了解延安在革命时期的重要地位，深入了解延安精神，增强学生的爱国情感，使学生更有爱国之心，继承民族优良传统和中国革命传统，弘扬延安精神。
过程设计	环节一：链接课文，梦回延安 师：同学们，对于延安，你们知道多少？ 学生畅所欲言； 师出示：延安地图，延安时期的介绍。 师：是的，延安被称为"中国革命的圣地""红都"，陈毅元帅多次在诗中歌颂这个地方。让我们跟着最近刚刚学习过的《延安，我把你追寻》，一起进入这个特别的圣地。 诗朗诵。

续表

过程设计	环节二：观看影片，总结精神 师：那么延安精神到底指的是什么精神呢？让我们一起来听听习爷爷讲述的延安故事吧。 学生看视频。 各小组交流讨论延安精神指的是什么。 生初步总结延安精神。 师小结：延安精神主要有四个方面，分别为自力更生、艰苦奋斗的创业精神，全心全意为人民服务的精神，理论联系实际、不断开拓创新的精神，实事求是的思想路线。 环节三：讲故事，铭记精神 刚才大家通过倾听与观看，一定对延安精神有了更深刻的认识，想一想还有哪些人哪些事也有延安精神的体现呢？ 第一小组代表讲解焦裕禄的故事。 第二小组代表讲解铁人王进喜的故事。 第三小组代表讲述张桂梅的故事。 老师：（播放新中国发展视频，观看 1 分钟左右）升华延安精神在生活中鼓励着一代又一代人不断前进，自力更生，创造着一个又一个奇迹。 环节四：竞答题目，内化精神 老师宣布竞赛规则：男女生竞赛，总共 6 道基础题（男女生代表依次回答 6 道题），3 道抢答题，答对 1 道加 3 分。 环节五：入心践行，传承精神 我们青少年今后应该怎样做，才能弘扬延安精神？ 学生自由发言 让我们在《南泥湾》的歌声中再颂延安吧。 老师总结：孩子们，今天的幸福生活来之不易。我们见证了历史的飞跃，同时也不能忘记历久弥坚的延安精神，好好学习，好好锻炼，努力成长为能担任时代使命的好少年，一起做好延安精神传承人吧！
课程亮点	1. 将思政课堂与语文课堂相联系，以本学期学习的语文课文《延安，我把你追寻》进行导入。 2. 活动形式丰富，有听故事、讲故事、听歌曲、竞猜活动等环节，调动学生积极性。

　　说明：本课在我校晞光馆中的红色记忆场馆进行授课，重点引导学生理解延安时期在中国的伟大革命历史进程中的重要地位。因为场馆中红色记忆部分，本身就

是呈现的完整的中国共产党带领广大人民革命奋斗的历程，学生更能从纵向的历史发展维度理解延安时期、延安精神的重要性。通过场馆来进行教育、在场馆中进行教育，让这堂课的教学具有了更广阔的时空视野。学生在一步步的走动中，回到延安革命时期，更能体会这一时期的艰难及共产党人自力更生、艰苦奋斗的精神。

第八章 以"360度"党建工作法，打造先锋教师队伍

党的十九大报告指出，中国特色社会主义进入了新时代，这是我国发展新的历史方位。成师附小华润分校的党建工作坚持用"四个意识"导航、用"四个自信"强基、用"两个维护"铸魂，把党的政治建设摆在首位，狠抓党支部建设，力求全面进步、全面过硬，以学校的五步工作法为统领，积极探索创新，提出"360度"党建工作法，打造先锋教师队伍，培养时代新人。

一、新时代教师队伍建设的要求

2018年9月10日，习近平总书记在全国教育大会上发表重要讲话："教师是人类灵魂的工程师，是人类文明的传承者，承载着传播知识、传播思想、传播真理，塑造灵魂、塑造生命、塑造新人的时代重任。"百年大计，教育为本。教育大计，教师为本。2018年，中共中央、国务院印发了《关于全面深化新时代教师队伍建设改革的意见》，提出坚持"兴国必先强师"，深刻认识教师队伍建设的重要意义和总体要求；着力提升思想政治素质，全面加强师德师风建设；大力振兴教师教育，不断提升教师专业素质能力；深化教师管理综合改革，切实理顺体制机制等意见。建设

符合党和人民要求的、受到学生喜爱和尊重的新时代思政课教师队伍，就需要不断地发展、促进、发展教师队伍建设。

我校充分认识到新时代的新要求，着力建设可信、可敬、可靠，乐为、敢为、有为的教师队伍。首先，习近平总书记在北京大学师生座谈会上强调，评价教师队伍素质的第一标准应该是师德师风。我们要坚持把师德师风建设与评价摆在首位，积极发挥教师的榜样作用。其次，"师者，所以传道受业解惑也。"除了教学工作外，积极引导教师成为学生人生路上的重要"引路人"，使学生正确认识自己、尊重自己，认识他人、尊重他人。再次，广大教师要担负起学生健康成长引路人的责任，必须有过硬的综合素质，积极引导教师树立终身学习观，以不断提升自我发展与修养为目标，激发教师热爱教育、热爱岗位。最后，激发教师在教育教学活动中真正实现"四个相统一"。

因此，以党建工作为核心，做好教师党员发展工作，抓好教师队伍师德建设，使广大教师接受理想信念教育，树立坚定的政治方向，对学生的健康成长有很大的帮助。在实际工作的开展上，学校将党建与教师素质提升紧密联系在了一起。具体而言，即以党员为龙头，组织党员教师亮身份、亮职责、亮承诺，带头坚守师德规矩，发挥引领作用；以体验教育项目建设为导向，充分发挥党员教师的先锋作用，为全体教师做好表率。

二、党员队伍建设的核心依托

《关于建立中小学校党组织领导的校长负责制的意见（试行）》指出，要"加强学校基层党组织和党员队伍建设"[1]，这是落实先锋课程育人成效的最根本的依托，有效的课程思政就是教师以身示范的结果。这是教师职业劳动特点所决定的。尤其是对于正在价值观形成发展时期的儿童青少年，教师的理想信念和价值观对学生会产生持久而深刻的影响。

在实践探索中，我们发现，理想信念价值观的教育，必须要以基层党组织的建设为依托，以党员教师素质的不断提升来带动整个教师队伍的建

---

[1] 中共中央办公厅：《关于建立中小学校党组织领导的校长负责制的意见（试行）》（2022 年 1 月）

设。因此其核心依托是要发挥党组织的力量，不能让党组织隐形化，而是要在学校的教师队伍建设、整个教育教学工作中，起到先锋模范的作用。因此，成师附小华润分校探索形成了"360度"党建工作法。这一方面是以提升党组织的组织力为重点，一方面着力突出党组织的政治功能，在具体的党组织活动中，规范党组织生活、创新党组织活动的方式，从而不断提升党组织的吸引力和辐射作用；另一方面，则是要全面推动党建工作与教育教学、德育和思想政治工作深度融合。先锋课程的整体设计与实践就体现了这一要求。而要将先锋课程真正落到实处、产生育人实效，则还是要依托教师队伍整体素质的提升，其关键又在于教师理想信念与价值观的培育和政治素质的提升。具体的工作路径与方法就是我们所探索的"360度"党建工作法。

三、"360度"党建工作法的内涵

（一）"360度"党建工作法的内涵探析

"360度"党建工作法，可划分数字分解释义。首先，3即三真。新思想求真知，新作风承真心，新行动出真力。其次，6即六度。思想建设，引领有高度，思考有深度；作风建设，修身有硬度，传承有温度；行动践行，先锋有锐度，创新有速度。最后，0即零距离服务。党建指导"0距离"，服务群众"0距离"，推动发展"0距离"。"360度"党建工作方法，指学校党建工作体现三真、实现六度、追求零距离。空间上全方位，时间上全天候，对象上全覆盖。"360度"是圆的周角，在圆周上行进没有终点，寓意服务群众的党建工作永远在路上。"360"也是杀毒软件的名称，时刻提醒党员领导干部警醒自己、勤于反思、廉洁自律。

（二）"360度"党建工作法的价值分析

"360度"党建工作法旨在"求三真、达六度、零距离"，打出"新思想求真知、新作风承真心、新行动发真力"三大组合拳。在工作落实过程中，力求眼界有高度、探源有深度、修身有硬度、传承有温度、履行使命有锐度、教育更新有速度。通过党建指导"0距离"、服务群众"0距离"、推动发展"0距离"的一系列策略实现党建与教育教学工作的融合。从单一到多元，从局部到整体，从一时到时时，"360度工作法"就是要充分突出新时代党的建设的"全方位"和"全天候"的鲜明特征，要充分表达新时代党的建设比以往任何时期都要严肃、认真和全面的政治态度。事实证明，"360度"党建工作法的六大工作路径紧扣实际，已在社会党建工作中取得了实际成效，其突出价值表现在三个方面：一是落实了党建工作的落脚点，以一种系统化的工作流程，为党建相关工作者理清了思路、找到了结合点，为非学校开展党建与教育教学工作找到了落脚点。有了这个落脚点，党建工作在学校工作中就不再是抽象的概念，而是变成了实实在在的内容。二是巩固了党建工作的引领性，如晞光姐姐作为我校优秀党员代表，对于学校开展党建工作具有积极的促进作用。三是强化了党建工作的实效性，以往党建工作更多体现在理论和思想层面，现在从理论到实践需要教师真正意识到其重要性、可行性，才能真正实现党建工作的落地生根。

四、"360度"党建打造先锋教师队伍的工作路径

近年来，成师附小华润分校不断探索回应新时代要求的育人体系，以党建工作为统领，积极在方法和载体上探索创新，积极探索并凝练出360度党建工作法。置身大变革大发展时代，新知识新事物层出不穷，新情况新问题不断涌现，学生作为党和国家的希望，更应该注重对他们的培养工作。成师附小华润分校坚持以新思想凝心聚魂探寻真知，坚定理想信念，补足精神之"钙"，做好学生的思想淬炼，培养一批拥护中国共产党领导和社会主义制度、立志为中国特色社会主义奋斗终身的有用之才。事实上，成师附小华润分校360度党建工作法指导下的特色党建教育，也是新时代下育人体系的一次教育实践。

（一）晞光润之——理念引领有高度

通过认真梳理教育发展的使命与特征，结合学校的办学历史与定位，进一步思考新时代学校育人体系的建设与完善，以"一脉两促三联四新五带头"五步工作法具体推进党建引领下的学校文化、课程、管理体系建构。晞光馆是学校五步工作法重要的实施空间和实践基地，包含了"两室

一廊"，包括党员活动中心、"不忘初心，致敬时代"教育展厅以及学校党建特色走廊，旨在通过分板块、分类别的学习体验，引导师生缅怀过去、珍惜现在、展望未来，为祖国的强大而骄傲，为建设更强大的祖国而努力。党支部以此为载体开展红色场馆教育，并推出由优秀党员组建的"晞光姐姐"解说团队，定期开展师生参观交流学习活动，精熟晞光馆建立初衷、设计思路、教学内容的晞光姐姐们，会结合成师附小华润分校的教育教学工作，对全校师生开展"晞光教育"。这些课程通常是以"晞光"一词的内涵与外延为基点，开发新的党建教育形式，用讲"晞光故事"这一生动有趣的教学形式，做特色党建教育。为顺应新时代对教育事业提出的新要求，成师附小华润分校的党员教师积极迎接挑战，勇挑重担，发挥引领作用。

（二）初心为本——思想探源有深度

深入学习贯彻习近平新时代中国特色社会主义思想和党的二十大精神，深入开展"不忘初心"学习教育活动，推动中国特色社会主义理论体系进校园、进课堂、进教材。开展"伟大使命"讲堂、"四有教师"讲坛、讲"时代精神"故事的"讲堂、讲坛、讲故事"的"三讲"活动，凝聚理想远大、信念稳固、意识统一之心。老师们讲述自己的教育理想与感悟，以理想信念为人格基石，打造有感恩情怀、专业认同感、职业幸福感的幸福之师；以道德情操为核心品质，打造见贤思齐、以德立身的模范之师；以扎实学识为基本素质，打造知识功底扎实、教学能力过硬、教学态度勤勉、教学方法科学的合格之师；以仁爱之心为必备素养，打造能构建"大教育"格局的智慧之师。育人先育己，成师附小华润分校一刻也没有放松对教师团队的党建教育。按照支部、年级组、备课组、工会等单位，教师们依序进入晞光馆参观学习，以此缅怀革命先烈，感受红色文化，增强党性意识。

（三）党员亮剑——修身示范有硬度

党员教师亮身份、亮职责、亮承诺，带头坚守师德规矩，发挥引领作用，带头制定成长规划，寻求自我突破，敢于创新，善于创新。每位党员教师牵手一位青年教师，切实指导好青年教师制定成长规划，以初心为内核，既要着眼于长远发展，更要立足于三年的行动策略。成长规划讨论会不定期举行，党员教师引领青年教师总结反思自己工作的实效及存在问题，制定整改措施，记入成长档案，促使自己用心工作，爱心育人，成就使命。党员教师牵头组织教师们进行"师德宣誓"，签订师德承诺书、廉洁从教承诺书，开展"践行师德规范拒绝有偿家教树立教师形象"集体宣誓暨公开签名等活动。

（四）思想交流——传承精神有温度

定期组织党员教师过政治生日，重温入党誓词，不忘入党初心，进一步认识自我，查找差距，把入党时的追求和现在的思想实际对照起来，始终坚定跟党走的信念，始终保持昂扬向上的奋斗激情，以"为共产主义奋斗终身"的崇高理想来激励和鞭策自己，时刻在思想上和行动上与党中央保持高度一致，强化党性意识，学校支部特邀优秀党员教师给老师们谈心沟通，发挥党员先锋模范作用。围绕"我的初心故事"举办交流活动，党员教师先行，群众教师紧跟，坚守初心，秉承共产党员担当精神，勇挑重担，艰苦奋斗，交立场坚定之心；弘扬艰苦创业、求真务实的作风，谦虚谨慎，不骄不躁，交情感归属之心；以敢为人先的使命担当，不推诿、不退缩，自我突破，善于创新，交知行认同之心。

五、"360度"党建强化先锋教师队伍建设的策略

习近平新时代中国特色社会主义思想是当代中国的马克思主义，其内涵丰富、思想深邃、影响深远。作为教师，应认真学习新思想，做新思想的学习者与实践者，用新思想武装自身专业发展，用新思想指引教育教学，用新思想引领学生成长和自我成长。新作风承真心，团结广大教师充满热情地投入教育事业中。为加强师德建设，我校党支部还特别建立了"党员聊天室"，邀请优秀党员教师，讲述"我的初心故事"。2019年9月30日，成师附小华润分校举行了"不忘初心，牢记使命"主题活动，青年教师在学校优秀党员刘俊英同志的带领下，面对红旗做了入职宣誓。走进成师附小华润分校的党员活动室，天花板上鲜红的党旗平铺开来，党旗下是一张巨大的会议桌，寓意学校工作在党的领导下开展。据副校长张琳

玲介绍：学校教师的党建培训、入党宣誓等活动，都在这个满是党建红元素的活动室中举行，爱国情，报国志，唤醒师生的内在动力，从而在成长路上披荆斩棘、扬帆奋进。

（一）岗位先锋，履行使命有锐度

设立"党员先锋岗"，成立"党员名师工作室"，建立"优秀党员班主任工作坊"，使老师们学有榜样、做有标杆。2021 年 6 月，成师附小华润分校举行了"立德树人匠心筑梦"校级名师工作室授牌仪式，其中 8 位教师被评为市区级优秀教师，学科带头人被聘为校级名师工作室主持人。党员先锋，覆盖学校方方面面，是新教师的导师，是教学管理的尖兵，是课堂改革、管理改革的先锋，是学校发展的旗手，全面带动教师提升、学校发展。开展党员进家庭、党员入社区的"两进"先锋行动，带头服务于家长学生，服务于家庭、社区、企业。进家庭，强调三个"同心"，同心家访全覆盖，同心关爱重心理，同心育人在携手。进社区，践行"三做三访"志愿服务。"三做"即做社区发展的服务员，做学生假日活动的辅导员，做时事政策的宣讲员。"三访"即访社区家庭，了解教育需求；访困难学生，开展结对帮扶；访特殊群体，送爱心服务。

除此之外，为了让全校师生更加深刻地了解晞光馆的丰富内涵，承红色基因，育赤诚少年，成师附小华润分校本着"党建赋能教育提质"的理念，依托人力资源，盘活教育形式，着力打造了一支以青年党员教师为主的先锋团队——"晞光姐姐"。她们是学校红色教育的解说员、宣传员、启蒙者。当好解说员——"晞光姐姐"作为先锋党员队伍，以服务师生为基础，开展场馆解说，用生动的语言、真挚的情感为学生讲解红色精神，讲述建校历史，宣传榜样力量，引导学生追忆家国历史，坚定理想信念。胜任宣传员——"晞光姐姐"以身作则，让红色基因在校园扎根。她们走进红色基地开展党史学习与教育，制作网络微党课，开展抖音宣传。她们是行走的红色教育榜样，带动全体教师团队践行红色教育。担当启蒙者——"晞光姐姐"用生动的历史、感人的事迹、奋进的激情，让学生从小萌发爱党爱国的情感。教师先看、先学，根据教育规律与特点，从学生视角精心设计教学流程，选择恰当契机，启迪解惑，有效地促进学生产生共情。

（二）科技整合，教育创新有速度

新时代的党建必须紧扣科技革命的时代脉搏，学习新技术，迎接新考验。学校引入人工智能，开展新技术教学；研究编程教育，不断实践创造。将党建传统优势与新技术深度融合，让传统党建的"面对面"与智慧党建的"键对键"有机结合起来，实现线下线上同频共振，让党组织充满生机和活力。其一，建立党员"AI 交流社"，通过抖音、直播等方式，创新特色党课，新的平台、新的内容、新的形式，用镜头"述说"红色声音；其二，组建"编程 C 语言创造营"，成立"人工智能 Python 代码编程"研究小组，研究编程教育，培养学生数字化思维和技能，从小立志做人工智能时代的主人。一名党员一面旗，旗帜就是方向，旗帜就是形象。身份就是责任，使命呼唤担当。我们号召全体党员老师把党徽戴起来、把身份亮出来、把形象树起来，在工作中践行"360 度党建工作法"，自觉投入学校发展中，以永不懈怠的奋斗精神开拓创新、筑梦前行！

主要参考文献

1. 巴登尼玛，李松林，刘冲. 人类生命智慧提升过程是教育学学科发展的原点 [J]. 教育研究，2014，35（06）：20—24.

2. 柏参天，黄秉全. 构建党建引领下的新生涯德育实践体系 [J]. 中国教育学刊，2021（S1）：186—187，191.

3. 打造有温度的新时代思政课——党建引领下的上海学校思政课实践创新 [J]. 上海党史与党建，2020（04）：66.

4. 杜威：学校与社会·明日之学校 [M]. 赵祥麟等译. 北京：人民教育出版社，2005：25.

5. 高崇慧. 特色学校建设视角下的学校适性课程体系构建实践 [J]. 现代教育科学，2018（07）：152—156.

6. 郭华. 学校应成为课程管理的主体 [J]. 中国民族教育，2016（Z1）：11—14.

7. 郭其俊. "党建工作坊"创新学校党建 [J]. 人民教育，2016（09）：49—50.

8. 韩振峰. 中国化马克思主义党建理论研究 [M]. 北京：人民出版社，2020.

9. 郝立萍. 党建引领　培根铸魂——记北京景山学校中华优秀传统文化教育 [J]. 中国教育学刊，2021（S1）：8—9，12.

10. 郝志军. 教材建设作为国家事权的政策意蕴 [J]. 教育研究，2020，

41（03）：22—25.

11. 何玉海. 关于"课程思政"的本质内涵与实现路径的探索 [J]. 思想理论教育导刊，2019（10）：130—134.

12. 洪伟，高江丽. 以党建品牌建设提升学校党组织组织力的思考 [J]. 中国教育学刊，2021（S1）：58—60.

13. 胡洪彬. 课程思政：从理论基础到制度构建 [J]. 重庆高教研究，2019（1）：112—113.

14. 扈中平. 从"管理"到"治理"遭遇的若干失误——重大教育决策须更多倾听教育研究者的声音 [J]. 中国教育学刊，2015（09）：1—6.

15. 黄绂田，吴丹颖，左璜，魏国武. 学校课程建设"道德性"的缺失与复归 [J]. 中小学德育，2020（07）：5—9.

16. 李东坡，王学俭. 新时代大中小学思政课一体化建设的内涵、挑战与对策 [J]. 新疆师范大学学报（哲学社会科学版），2021，42（03）：60—69.

17. 李伟. 大中小学思政课一体化建设的逻辑理路 [J]. 河南社会科学，2020，28（08）：119—124.

18. 李云星. 学生·学校·学科——学校课程建设的三重立场 [J]. 教育发展研究，2016，36（12）：39—45

19. 蔺红春，徐继存. 论学校课程建设的性质 [J]. 教育科学，2016，32（06）：19—24.

20. 刘海燕. 构建"一主两翼"党建工作路径　促进学校育人质量提升 [J]. 中国教育学刊，2021（S1）：103—104.

21. 刘祺，张爱琴. 少先队活动资源的开发与利用 [J]. 教学与管理，2017（20）：12—14.

22. 马建萍. 让党建工作与学校管理"同频共振"[J]. 中小学管理，2020（07）：39—40.

23. 牛震云，沈军. 八一学校：以党建创新引领学校发展新格局 [J]. 中小学管理，2021（06）：30—32.

24. 舒风. 新时代党建十讲 [M]. 北京：人民出版社，2021.

25. 司成勇，司昇. 基于体验式学习的少先队活动课程实施策略 [J]. 少年儿童研究，2019（11）：11—17.

26. 孙彩平 . 人的历史性：小学"道德与法治"课中历史主题教学的生存论视角 [J]. 中国教育学刊，2021（10）：80—84.

27. 孙锦明，王从华 . 学科建设取向下的校长课程领导实践范式创新 [J]. 课程·教材·教法，2018，38（02）：34—40.

28. 孙宽宁 . 学科课程建设的边界与整合 [J]. 当代教育科学，2017（04）：5—8.

29. 唐燕 . 教学如何"接童气"——论小学道德与法治课堂教学逻辑的生活化 [J]. 课程·教材·教法，2020，40（02）：77—84.

30. 王捷，张琳玲 . 关注当下学习，更关注孩子未来——成师附小华润分校"停课不停学"的思考与实践 [J]. 四川教育，2020（07）：40—41.

31. 王捷，张琳玲 . 基于学科核心问题的深度参与教学策略 [J]. 教育科学论坛，2019（28）：41—43.

32. 王捷 . 新时代育人体系的学校实践 [M]. 成都：四川民族出版社，2020.

33. 王梅 . 新学校如何构建富有特色的课程体系 [J]. 中小学管理，2016（09）：52—53.

34. 王明建，江涛 . 学校课程体系建设的理论与实践研究 [M]. 北京：中国社科科学出版社，2017.

35. 王牧华，付积 . 论基于馆校合作的场馆课程资源开发策略 [J]. 全球教育展望，2018，47（04）：42—53.

36. 王鑫 . 以学生核心素养为统领的学校课程体系建设——成都市棕北中学"三·三·六"课程体系探索 [J]. 教育研究，2017，38（09）：148—153.

37. 王学俭，石岩 . 新时代课程思政的内涵、特点、难点及应对策略 [J]. 新疆师范大学学报（哲学社会科学版），2020，41（02）：50—58.

38. 吴宏政，高丹 . 大中小学思政课一体化建设的目标论要 [J]. 东北师范大学学报（哲学社会科学版），2021（05）：130—136，164.

39. 徐继存 . 学校课程建设的辩证逻辑 [J]. 教育研究，2018，39（12）：48—55.

40. 徐继存 . 学校课程建设的价值自觉 [J]. 西北师大学报（社会科学版），2018，55（06）：106—111.

41. 徐建梅. 以党建促进学校教育教学高质量发展 [J]. 中国教育学刊，2021（S1）：132—135.

42. 许培军. 用大思政观统领　以党建引领思政——北京市海淀区翠微小学的创新探索 [J]. 中国教育学刊，2021（S1）：194—196.

43. 薛国凤，江河. 少先队活动课与学科课程整合：依据、维度与对策 [J]. 少年儿童研究，2019（11）：5—10，17.

44. 严雪霞. 以"党建融入"为切入点　构建学校大党建格局 [J]. 中小学管理，2021（06）：33—35.

45. 杨江丁，陆非文. 少先队活动教育学（修订版）[M]. 上海：上海人民出版社，2018.

46. 易文意. 少先队活动课与综合实践活动课的整合 [J]. 教学与管理，2020（05）：23—25.

47. 尤玉军，曹伯祥. 从德育为首到立德树人：新时期党的德育思想研究 [J]. 中国劳动关系学院学报，2015，29（04）：104—109.

48. 于建辉，崔智奇，陈百元. 新时代立德树人背景下高中学校党建工作实施策略——以郑州市第七高级中学为例 [J]. 中国教育学刊，2021（S1）：89—91.

49. 张廷凯，牛瑞雪. 回归学科研究——课程改革的深化逻辑 [J]. 课程·教材·教法，2017，37（02）：10—15.

50. 张彦，韩伟. 以核心价值观引领大中小学思政课一体化 [J]. 学校党建与思想教育，2020（13）：62—65.

51. 赵霞. 奏出"五水共治"最强音——"党建＋队建"德育模式的实践与思考 [J]. 中国德育，2018（24）：55—56.

52. 郑富芝. 尺寸教材　悠悠国事——全面落实教材建设国家事权 [N]. 光明日报，2020-1-21（13）.

53. 中共中央党史和文献研究院. 习近平关于"不忘初心、牢记使命"论述摘编 [M]. 北京：党建读物出版社、中央文献出版社，2019.

54. 中共中央党校. 基层党组织如何提升组织力 [M]. 北京：人民出版社，2019.

55. 中国新民主主义青年团中央委员会关于"中国少年儿童队"改名为"中国少年先锋队"的说明 [J]. 江苏教育，1953（09）：19.

56. 周彬. 学校治理现代化：变革历程与建设路径 [J]. 教育发展研究，2020，40（06）：51—58.

57. 周林. 以学生为基构建学校课程体系 [J]. 中国教育学刊，2020（05）：105.

58. 周炜. 以党建引领高质量教育 [N]. 人民日报，2019-09-12（005）.

59. 周英，戴宏娟. 少先队活动课程创意设计 [M]. 上海：上海辞书出版社，2018.

60. 朱小超，李洪山. 情境教学模式三大核心要素"真"思考——以初中道德与法治课为例 [J]. 天津师范大学学报（基础教育版），2021，22（04）：51—56.